TATORT
RECHTSGESCHICHTE

Zehn Ereignisse aus der Historia iuris
als Rätsel dargestellt und mit Lösungen versehen

von

WERNER OGRIS
o. Universitätsprofessor in Wien

Wien 1994
Manzsche Verlags- und Universitätsbuchhandlung

Zitiervorschlag: *Ogris,* Tatort Rechtsgeschichte (1994) [Seite]

Die Deutsche Bibliothek – CIP-Einheitsaufnahme

Ogris, Werner:
Tatort Rechtsgeschichte : Zehn Ereignisse aus der Historia iuris ; als Rätsel dargestellt und mit Lösungen versehen / von Werner Ogris. – Wien : Manz, 1994
ISBN 3-214-06091-0

Printed in Austria

Gedruckt auf chlorfrei gebleichtem Papier

Satzherstellung und Druck: MANZ, Wien 5

Vorwort

An „flächendeckenden" Darstellungen der österreichischen und/oder der deutschen Rechtsgeschichte besteht kein Mangel. Dieses Büchlein geht einen anderen Weg. Es will in lockerer, verklausulierter und in (leicht) verfremdender Weise einzelne bedeutende Ereignisse aus der *historia iuris* behandeln. Die Rätselform soll zum Nachdenken, Kombinieren und Nachschlagen anregen, auch zur Überprüfung einschlägiger Kenntnisse. Im Zusammenspiel mit dem Lösungsteil kann TATORT RECHTSGESCHICHTE auch als Lehr- und Lernbehelf verwendet werden.

Aber, bitte, lieber Leser: nicht nach „hinten" blättern, ehe Sie sich um eine eigenständige Lösung bemüht haben! Diese sollte im Großen leicht zu finden sein; für die Beantwortung der ins Detail zielenden Fragen sind (manchmal etwas) intensivere Bemühungen „rechtshistorisch-kriminalistischer" Art erforderlich. Dazu bieten die Literaturangaben im Anhang erste Hilfe.

Die zehn in diesem Büchlein gesammelten „Fälle" sind seit Herbst 1991 (Heft 2 1991/92) in regelmäßiger Folge in der Zeitschrift **JAP** (= Juristische Ausbildung und Praxisvorbereitung) erschienen. Nun wurden sie in anderer Reihenfolge geordnet und durch ein *Kleines Wörterbuch zur Rechtsgeschichte* ergänzt und erschlossen.

Ich habe zu den einzelnen „Fällen", besonders von Studentenseite, viele Zuschriften mit Lösungen, aber auch mit mancherlei Anregungen und mit Kritik erhalten. Es wäre schön, wenn dies auch in Hinkunft geschähe!

Dem Verlag MANZ habe ich für seine Bereitschaft zu danken, dieses gewiß nicht dem gängigen Typus eines (rechtshistorischen) Lehrbuches entsprechende Opusculum in sein Verlagsprogramm aufzunehmen. Meinen Mitarbeiterinnen und Mitarbeitern am Institut für Österreichische und Deutsche Rechtsgeschichte gebührt Dank für stete Unterstützung beim Ausarbeiten der „Fälle“ und der Lösungen.

Viel Spaß beim Lesen und beim Lösen!

Wien, im April 1994 *Werner Ogris*

Inhaltsverzeichnis

Zuschriften bitte an: Univ.-Prof. Dr. *Werner Ogris,* Institut für Österreichische und Deutsche Rechtsgeschichte der Universität Wien, Juridicum, Schottenbastei 10 – 16, A-1010 Wien.

Die „Fälle“

Fall Eins

Eine schöne Bescherung

Die Affäre machte Weltgeschichte, aber sie begann als dilettantisch geplanter und höchst unprofessionell durchgeführter Staatsstreich lokalen Zuschnitts. Der Mann, dem das Komplott einiger mißgünstiger Konkurrenten galt, war ein ehrgeizig-verschlagener Karrierist, der aus bescheidenem Stande und über niedere Ämter zur höchsten Würde aufgestiegen war. Daß er dabei reichlich Schmiergelder hatte fließen lassen, war nichts Besonderes. Ungewöhnlich, wenn auch nicht völlig unerhört hingegen war die Behandlung, die seine Gegner dem ehemaligen *Kämmerer der liturgischen Gewänder* angedeihen ließen. Zunächst entfesselten sie eine veritable Rufmord-Kampagne, in der sie ihm Eidbruch, Ämterschacher und abscheuliche sittliche Verfehlungen vorwarfen. (Über deren Natur schweigen sich die Quellen diskret aus, doch scheint es sich um eine Liebesaffäre mit einer anderweitig verheirateten Dame gehandelt zu haben.) Dann nahmen sie sich das Objekt ihres Hasses selbst vor. Als der gebürtige Römer mit dem seltsamen Vatersnamen *Atzuppius* am Tage des hl Markus, dem 25. April also, in prächtiger Gewandung an der Spitze einer Prozession zur Kirche des hl Laurenzius an der *Via Flaminia* ritt, lockten sie ihn in einen Hinterhalt und verpaßten ihm eine Abreibung, die sich gewaschen hatte. Sie zogen ihn vom Pferde, rissen ihm die Kleider vom Leibe und verprügelten ihn nach allen Regeln der Kunst. Dann schleppten sie den Halbtoten in eine nahegelegene Klosterkirche, wo sie ihm vor dem Hauptaltar in einem Schnellverfahren Würde und Amt absprachen. Wahrscheinlich wollten sie dem Bedauernswerten, der an seinem Unglück freilich nicht ganz schuldlos war, die Augen herausreißen und die Zunge abschneiden, um ihn nach altbewährter Manier für alle Zukunft amtsunfähig zu machen. Dieser barbarische Vorsatz blieb aus unbekannten Gründen (Mitleid und/oder Gewissensbisse und/oder Unfähigkeit des Exekutors?) unausgeführt. Er brachte aber unser TATORT-Opfer auf die glorreiche Idee, nach seiner abenteuerlich-glücklichen Flucht überall lauthals (!) zu verkünden, es wäre tatsächlich seiner Augen und seiner Zunge beraubt worden, hätte aber beide und somit Sehkraft und Sprechfähigkeit durch ein Wunder Gottes wiedererlangt. Insofern geschickt auf der Mitleids-Welle schwimmend und auf die Wunder-Masche setzend begab es sich nach seiner Genesung schnurstracks auf eine strapaziöse Reise nach dem fernen Norden, um Schutz und Hilfe bei einem Manne zu suchen, den schon die Zeitgenossen mit einigem Recht als *Vater Europas* priesen.

Dieser ging damals auf die Sechzig zu, war zum vierten Male verheiratet und hatte mit zweien seiner (offiziellen) früheren Ehefrauen elf Kinder gezeugt. Später kamen (mindestens) sieben weitere Sprößlinge von (mindestens) vier Konkubinen hinzu, die der rüstige Herr in einer Art Frauenhaus an seinem recht lebensfrohen Hofe hielt. Den hatte er nach langen Jahren unsteten Umherziehens mehr und mehr in einen bekannten Kurort verlegt, in dessen heißen Quellen er nicht nur Stärkung für seine Lenden, sondern auch Linderung seiner Gichtschmerzen zu finden hoffte.

Auf solche Annehmlichkeiten allerdings mußte der große, auch körperlich hoch (fast 2 m!) aufragende Kriegsheld in jenem Sommer weitgehend verzichten. Statt dessen saß er in einer seiner Außenstellen im Osten, an der Pader, einem kleinen Nebenlauf der Lippe, um – wieder einmal wie schon so oft in den vergangenen drei Jahrzehnten – ein Volk zur Räson zu bringen, das trotz eines enormen Blutzolls („Blutbades"), trotz drakonischer Sondergesetze, trotz wahlloser Massendeportationen und trotz grausamen Besatzungsterrors nicht und nicht dazu zu bewegen war, seinen alten Göttern abzuschwören und sich dem Herrschaftsanspruch des expansionslüsternen Zweifach-Königs zu unterwerfen.

Der trug überdies den Titel *patricius* und hatte sich als solcher wohl oder übel mit den Kalamitäten seines hohen Gastes abzugeben, der im Laufe des Juli bei ihm eintraf und mit so wunderbar wiederhergestellter Zunge allerlei Entschuldigungen, Erklärungen und Zukunftsprojekte vorbrachte. Sein Gesprächspartner blieb skeptisch, sowohl gegenüber dem Wunder wie gegenüber den Vorschlägen, und tat schließlich das, was gewiefte Politiker in zweifelhaften Fällen dieser Art zu tun pflegen: Er schickte den *servus servorum Dei*, den dritten seines Namens, an seinen Herkunftsort zurück, in allen Ehren versteht sich, setzte aber gleichzeitig eine Untersuchungskommission ein, die an Ort und Stelle Licht in die undurchsichtigen Verhältnisse bringen sollte.

Dabei kam – natürlich, möchte man sagen – nicht allzuviel heraus, und so mußte sich der berühmteste Sproß jener Herrscherfamilie, die angeblich *Europa gemacht* hat, in höchsteigener Person in die (im Laufe der Zeit ziemlich heruntergekommene) „Hauptstadt“ der damaligen Welt begeben, um dort endlich Ordnung zu schaffen. Nach langen Untersuchungen, nach hektischen Verhandlungen und nach einmonatigem Hin und Her kam ein Kompromiß zustande: Die Attentäter wurden wegen Majestätsbeleidigung (!?) zum Tode verurteilt, auf die warme Fürbitte ihres Opfers aber zu lebenslänglichem Exil begnadigt. Der Mißhandelte unterwarf sich – peinlich! peinlich! – der demütigenden Zeremonie des Reinigungseides, den er am 23. Dezember vor versammeltem Volk von der Kanzel des hl Petrus aus leistete. Im Gegenzug verhalf er in einer Art Überraschungscoup seinem Protektor zu einer neuen, zu einer besonders hohen Würde: Als dieser sich vom Gebet erhob, drückte er ihm einen kostbaren Goldreif aufs Haupt, während die Anwesenden „spontan“ in (vorher gut einstudierte) dreimalige Jubelrufe ausbrachen. Das geschah an einem hohen kirchlichen Feiertage, mit dem ein neues Jahrhundert begann (Vorsicht: Falle!), zwischen neun und zehn Uhr des Morgens.

Der also Überrumpelte zeigte sich von dem Vorgang nur mäßig begeistert. Angeblich soll er einem seiner vertrauten Berater gegenüber voll Zorn bemerkt haben, er wäre trotz des hohen Festtages gar nicht zur Kirche gegangen, hätte er geahnt, was da auf ihn zukäme. Nun, diese Äußerung ist nicht zweifelsfrei belegt, aber wenn sie tatsächlich so fiel, dürfte sie sich kaum auf den Staatsakt als solchen, sondern „nur" auf einige Modalitäten wie Zeitpunkt und Ablauf bezogen haben. Tatsächlich brachte der neue Titel wenig reale Macht mit sich, wohl aber eine Wagenladung von Komplikationen, Verantwortlichkeiten und politischen Eifersüchteleien, an denen der *Allerfrömmste, von Gott gekrönte Augustus* noch ein gutes Jahrzehnt seines Lebens zu kauen hatte. Als er einige Wochen nach den geschilderten Ereignissen in die Heimat zurückkehren wollte, erschütterte ein schweres Erdbeben das Land. War es ein schlechtes Omen, das künftige Schwierigkeiten ankündigte?

Wer den Ort des Geschehens lokalisieren will, hat nach einer kreisrunden Platte aus rotem Porphyr zu suchen, auf der sich der König-Patrizius einst zum Gebet niedergelassen hatte. Sie befindet sich heute an (angeblich) entsprechender Stelle im Nachfolgebau der alten Basilika, gleich nach dem Eingang und an jener Stelle, an der die Fremdenführer ihre Schäfchen zu versammeln pflegen, um ihre Sprüche über Raumeindruck und architektonische Feinheiten herzusagen. Leider trampeln die zahllosen Touristen, die alljährlich das monumentale Gebäude und seine Kunstschätze besichtigen, meist recht achtlos über die geschichtsträchtige – von den Einheimischen *Rota* genannte – Bodenfliese hinweg. Besäßen sie die (rechts-)historischen Interessen und Kenntnisse, die man mit Fug und Recht bei den Lesern dieses TATORTS voraussetzen darf, so könnten sie gewiß die folgenden Fragen ohne nennenswerte Schwierigkeiten beantworten.

Spurensuche . . .

1. *Wer war das Attentatsopfer und wer sein Protektor?*

2. *Was hat es mit dem „Blutbad im Osten" und mit den „Sondergesetzen" auf sich?*

3. *Wo und wann fand der „Überraschungscoup" statt? Worin bestand er und welche Vorstellungen lagen ihm zugrunde?*

4. *Welche unmittelbaren Komplikationen zog er nach sich?*

5. *Welche Wirkung entfaltete er auf lange Sicht?*

Lösung: Siehe Seite 55

Fall Zwei

Geldschöpfung durch Geiselschröpfung

Der Nachrichtendienst des Mannes, den man später den Tugendreichen nannte, war durchaus auf Draht: schnell und ohne große Mühe hatte er herausgefunden, daß der Gejagte das tollkühne Wagnis unternahm, sich von Istrien aus auf dem Landwege zu seinen Freunden in Norddeutschland durchzuschlagen. Er kam nicht weit; schon nach ein paar Tagen schnappte die Falle zu, kurz vor Weihnachten und in einem kleinen Dorfe nahe einer verkehrsreichen Stadt mit etwa 10.000 Einwohnern. Ob der als Pilger verkleidete Reisende sich dadurch „enttarnte", daß er (oder einer seiner Begleiter) dringend benötigte Lebensmittel mit exotischen Devisen bezahlte oder ob er beim Drehen eines Brathendlspießes in der Küche einer heruntergekommenen Gastwirtschaft einen wertvollen Fingerring in unvorsichtig-verräterischer Weise aufblitzen ließ, ist ungeklärt, auch ohne Bedeutung. Jedenfalls schaffte man den prominenten Gefangenen – angeblich zu seinem eigenen Schutze vor verbalen oder gar tätlichen Angriffen der ihm nicht gerade freundlich gesinnten Stadtbewohner – in eine etwa einen starken Tagesritt entfernte feste Unterkunft, wo er insgesamt fast zehn Wochen in zwar ehrenvollem, aber doch recht strengem Gewahrsam gehalten wurde. Während der Häftling in selbstgebastelten Versen sein trauriges Los beklagte, hub in den Machtzentren Europas das große Feilschen um seine Freilassung, in erster Linie um die Höhe des zu fordernden Lösegeldes an. Nach langem Hin und Her „einigte" man sich auf eine Basissumme von 100.000 Mark und dann noch auf eine Draufgabe von 50.000 Mark. Garniert wurde das alles (und noch einiges mehr) im Stile der Zeit mit einer Heiratsabrede, die zwar ziemlich vage gehalten war, aber immerhin den Vorteil bot, daß man einen großen Teil der Lösegeldforderung als Mitgift maskieren konnte.

Das Ehegeschäft zerschlug sich, aber das Lösegeld wurde bezahlt, wenn auch nicht in voller Höhe. Auf der Empfängerseite wurde es vereinbarungsgemäß zwischen dem Tugendreichen und seinem obersten Chef geteilt. Während dieser seinen Anteil in Kriegszügen verpulverte, startete jener einen enormen Investitionsschub auf städtebaulichem Gebiet. Davon abgesehen verhalf ihm die ganze Affäre nicht nur zu einem spektakulären Auftritt auf der politischen Weltbühne, sie verschaffte ihm auch volle Genugtuung für eine Beleidigung, die ihm der „Pilger" einige Monate vorher angetan hatte.

Allerdings, so ganz ohne Wermutstropfen ging dieses berühmt-berüchtigte Lehrstück in Realpolitik nicht über die Bühne. Die Gefangennahme eines Reisenden, der weniger seines Standes als vielmehr seiner Funktion wegen den Schutz internationalen Rechts genoß, blieb nicht ungeahndet. Da half dem Tugendreichen wenig, daß er auf gute Gründe verweisen konnte, die sein rüdes Vorgehen als einen Akt der Selbst- oder der Waffenhilfe erscheinen ließen. Er verfiel der Exkommunikation, seine Besitzungen dem Interdikt – und, was noch schwerer wog, sein Lösegeldanteil sollte zurückgezahlt werden. Zwar wurde das alles nicht so heiß gegessen wie gekocht, aber als den nur Siebenunddreißigjährigen kurz darauf ein schmerzvoll-schreckliches Sterben ereilte, mögen viele seiner Feinde darin die gerechte Strafe Gottes erblickt haben – für einen Deal, der mit christlicher Moral wenig, mit Machtpolitik à la *Machiavelli* aber umso mehr zu tun gehabt hatte.

Die Affäre löste nicht nur zu ihrer Zeit ein veritables politisches Erdbeben aus, sie zeitigte auch eine überraschende Langzeitwirkung: Viele Jahre später ging es wieder einmal um viel Geld. Man stritt um das Eigentum an wertvollen Grundstücken in jener Stadt, in deren Nähe der „Pilger" einst hochgenommen worden war. Gelehrte Gutachter scheuten sich nicht, dabei tief in die

Rechtsgeschichte einzutauchen und die Position ihres Dienstherrn in diesem Streit mit dem Hinweis zu untermauern, daß die fraglichen Grundstücke aus dem Lösegeld bebaut worden waren und daher nicht der Stadtgemeinde gehörten.

Spurensuche . . .

1. *Wer waren die Hauptakteure dieser Affäre und worum ging es in ihr?*

2. *Welche Beleidigung ist gemeint, wo und in welchem Zusammenhang war sie geschehen?*

3. *Warum und wodurch war die Geisel rechtlich (wenn auch nicht sehr wirksam) geschützt und auf welcher Rechtsgrundlage erfolgte die Bestrafung des Tugendreichen?*

4. *Um welche Grundstücke tobte der Streit und wann und zwischen wem?*

Lösung: Siehe Seite 62

Wer zuviel lügt, dem glaubt man nicht ...

Pech für den Schreiber und seinen Auftraggeber, daß sie mit ihrem kunstvollen Elaborat ausgerechnet an *die* Koryphäe auf dem Gebiet der Altertumswissenschaft gerieten. Diese, ein weitgereister und weltgewandter Mittfünfziger, hatte im Laufe seines unsteten Emigrantenlebens höchsten Dichterlorbeer und allerlei geistliche und weltliche Pfründen und Titel eingeheimst. Auch Jus hatte er eine zeitlang studiert, zuerst in Montpellier und dann in Bologna, aber ohne großen Erfolg und mit noch weniger Begeisterung, eigentlich nur seinem Vater zuliebe, der Notar gewesen war. Seine wahre Liebe gehörte, wenn man von einer geheimnisvollen Dame namens Laura einmal absieht, seiner Muttersprache und den alten Römern.

Nun saß er an einem kühlen Märztag in Mailand und prüfte ein Schriftstück, das ihm ein gekrönter Freund und langjähriger Briefpartner mit der Bitte um Stellungnahme übersandt hatte. Diese bereitete unserem Experten keine Schwierigkeiten. Schon ein kurzer Blick auf den Text ließ ihn erkennen, daß die ganze Geschichte schlicht und einfach zum Himmel stank. Dementsprechend fiel sein Gutachten aus, das er ohne große Vorstudien aus dem Stegreif verfaßte und in dem er das ihm vorliegende Machwerk nach allen Regeln der Kunst zerriß. Schon in der Einleitung fand er *fast so viele Lügen wie Worte*. Da soll *Cäsar*, der *von sich ... niemals anders als im Singular zu sprechen gewohnt war*, sich im Majestätsplural *„Nos ... Julius Imperator ..., Nos supremus terre Imperialis Augustus“* genannt haben? Das könne doch nur ein *Ochse* wirklich glauben! Und daß der Titel *„Julius Augustus"* erst von Cäsars Nachfolger stamme, müsse *allen Knaben bekannt sein, die gerade die Schwelle der Schule berührt haben!* (Na ja!?) *Und was soll man dazu sagen, daß das Datum der Urkunde in der offensichtlichsten Weise falsch ist?* Denn wer, außer einem Verrückten, würde schreiben *„gegeben zu Rom am Freitag im ersten Jahr Unseres Königreiches"* – ohne Monat und Konsul anzugeben? Ganz abgesehen davon, daß Cäsar zwar als *imperator* und *pontifex* und *dictator* angeredet werden wollte, niemals aber als König! *Gewiß hätte er sich nicht eher König genannt oder nennen lassen (wollen) als Hanswurst, Ehebrecher, Kuppler* oder noch etwas viel Abschätzigeres. Wahrlich, solch *ungesalzene Dummheiten*, so viele Irrtümer können nur einem *schamlosen und kranken Kopf* entsprungen sein. Das Ganze sei von A bis Z *roh und neu; vielleicht könnte dadurch eine leichtgläubige Greisin oder ein Bergbauer getäuscht werden, aber ganz gewiß nicht ein kluger Mann!*

Wer der als *Ochse* und als *Esel*, als *Verrückter*, als *Erzschelm* und als *Lügenschmied* Apostrophierte war, wußte der bissig-überhebliche Gutachter (angeblich) nicht – und ist auch uns nicht bekannt. Wir wissen nur, daß dieser Anonymus sich viel Mühe gegeben und viel Geschick und Einfallsreichtum aufgewendet hatte, um ein Schriftstück zu verfassen, das – man muß es leider sagen – nichts anderes war als eine glatte Fälschung. Darauf standen in der Theorie schwere Strafen (wie Handabhacken oä), aber in der Praxis sah die Geschichte anders aus. Da gehörte das Fälschen von Urkunden aller Art und in unterschiedlicher Intensität geradezu zum unentbehrlichen Instrumentarium guter Regierungskunst. Es war sogar üblich, so wird zumindest berichtet, daß geistliche und weltliche Potentaten sich Spezialisten für solche Aufgaben hielten. Von strafrechtlichen Konsequenzen für unseren Fälscher war denn auch niemals die Rede.

In der Sache hat er übrigens gute bis hervorragende Arbeit geleistet und dabei beachtliche Kenntnisse auf verfassungsrechtlichem und historischem Gebiet bewiesen. Und hätte er nicht in manchen Punkten etwas zu dick aufgetragen – wer weiß, ob ein weniger kritisches Auge das Fantasiegebäude als solches erkannt hätte. Denn Dichtung und Wahrheit sind in ihm recht geschickt miteinander verwoben. Und seinem Inhalt nach lag es durchaus im Trend der Zeit. Genau besehen wollte es seinem geistigen Urheber und dessen Ländern nur das verschaffen, was dieser als sein gutes Recht ansah und was auch andere große Herren ungeniert für sich in Anspruch nahmen – allen voran ein Mann, den man später „Böhmens Vater und des Reiches Erzstiefvater" nannte. Dieser, ein Luxemburger und der vierte seines Namens, war es auch gewesen, der das oben erwähnte Gutachten in Auftrag gegeben hatte. Doch dürfte es sich dabei lediglich um eine Fleißaufgabe, um eine Sicherheitsmaßnahme gehandelt haben. Denn auch ohne das gelehrte Verdikt hätte der fast Fünfundvierzigjährige, der angeblich fünf Sprachen beherrschte, das Falsifikat gewiß nicht für bare Münze genommen – obgleich (oder besser: gerade weil!) es ihm von seinem Schwiegersohn unterbreitet worden war.

Der hinwiederum war zu jener Zeit ein etwa zwanzigjähriger Ehrgeizling, frühreif, genial und rastlos, der alles anders machen wollte als sein Vater und alles besser und größer als sein Schwiegervater. Diesen imitierte er nicht nur auf dem Bausektor und in der Bildungs- und Wirtschaftspolitik, den reizte er auch bis aufs Blut mit einer Vielzahl von mehr oder weniger berechtigten Forderungen und mit allerlei Unverschämtheiten. Daß es zwischen den beiden nicht zum Äußersten kam, war letztlich nur der Besonnenheit des Älteren zuzuschreiben, der in einigen Punkten geschickt nachgab. Grundsätzlich aber blieb er bei seinem Nein gegenüber dem Forderungskatalog seines Eidams – eine Abfuhr, die dieser zeit seines kurzen Lebens niemals verwunden und auch nicht wirklich akzeptiert hat.

Doch wie die Zeit viele Wunden heilt, so heilte sie auch diese: Ein Großneffe unseres „Täters" konnte den Makel, der dessen Werk anhaftete, „sanieren", und bald vergaß man, daß es sich ursprünglich um eine Fälschung gehandelt hatte. Erst viele Jahre später konnten Gelehrtenwitz und Forscherfleiß das Falsifikat als solches entlarven. Heute befindet es sich in einem Archiv jener Stadt, in der es einst während der Wintermonate angefertigt worden war.

Spurensuche . . .

1. *Wer war der Gutachter, wer sein Auftraggeber? Wer dessen Schwiegersohn?*

2. *Was wurde gefälscht?*

3. *Was war der (wesentliche) Inhalt der Fälschung?*

4. *Welche Ziele verfolgte sie?*

5. *Wer hat sie „saniert" – und wodurch?*

6. *Wo ist sie aufbewahrt?*

Lösung: Siehe Seite 66

Fall Vier

Fiat iustitia ut maneat mundus!

Verfügter Straf' des Gelds und Pein
soll Lieb' ohn' Haß die Ursach sein!

Der solches dichtete, war mit einem Gardemaß von Einsneunzig ein Mann wie ein Baum, ein Grobian im Zeitalter der Grobiane, ein *teutscher Renner und Stecher*, wie er im Buche stand. Hufeisen soll er mit bloßen Händen zerbrochen, Viehstricke serienweise zerrissen haben; sein Schritt brachte das Haus zum Erbeben. Als Teenager stürzte sich der *hürnene Siegfried*, wie er wegen horniger Auswüchse an den Fingerknöcheln genannt wurde, Hals über Kopf in das wüste Leben der rheinischen Schickeria – mit Spiel und mit Suff, mit derben Streichen und mit groben Händeln und wohl auch mit deftigen Weibergeschichten. Bis der gestrenge Papa, am Ende seiner Geduld, mit Enterbung drohte: Lieber wolle er all sein Hab und Gut einem Hurenhaus hinterlassen als seinem mißratenen Sprößling! Dieser zeigte Wirkung: Aus dem Saulus wurde ein Paulus, aus dem Rauf- und Trunkenbold ein Tugendbold, aus dem streitlustigen und abenteuerfrohen Jüngling ein umsichtiger und verantwortungsbewußter Mann mit einem starken Hang zum Moralisieren.

Zu dieser Lebenswende hat gewiß auch Frau *Kunigunde* beigetragen, mit der er in vierzehn Ehejahren zwölf Kinder hatte, vier Söhne und doppelt so viele Töchter; das dreizehnte Kindbett brachte der *Frau Hofmeisterin* den Tod. Von diesem Schicksalsschlag hat sich *Hans der Starke* zeit seines Lebens nicht mehr erholt. Fortan widmete er sich intensiv seinem Brotberuf und dem Dichten, der eigenen Fortbildung und der Volkserziehung sowie – ganz allgemein – „dem Kampf des Guten gegen das Böse in der Welt".

Von diesem, dem Bösen nämlich, gab es mehr als genug, zumal in der (Unter-)Welt der an Zahl und Gefährlichkeit sprunghaft zunehmenden Berufs- und Gewohnheitsverbrecher. Diese *landschädlichen Leute,* diese *Landzwinger* und *Mordbrenner* zählten zu den apokalyptischen Plagen der Zeit. Die etablierte Gesellschaft, zutiefst verängstigt und ebenso hilf- wie ratlos, schlug zurück, wie sie das in solcher Lage zu tun pflegt: mit einer gestalt- und rechtlosen Schnelljustiz; mit einem hemmungslosen Einsatz der Folter zur Erzwingung von Geständnissen; mit einer ans Bestialische grenzenden Verhärtung des Strafensystems, in dem eine *ungeschärfte* Todesstrafe (fast) als Gnade galt.

Hier Ordnung zu schaffen, wenn auch nur ansatzweise, war eine Sisyphus-Arbeit. Unser Held unterzog sich ihr freiwillig, mit großer inneren Anteilnahme, mit bemerkenswertem politischen Geschick, mit praktischer Erfahrung und theoretischer Grundlegung – vor allem aber *aus Lieb der Gerechtigkeit und um gemeines Nutz willen.* Er war kein „Studierter", wohl aber ein überaus gebildeter Mann, den seine diversen Ämter und Funktionen weit in der Welt herum- und mit vielen Großen seiner Zeit zusammenbrachten. Fremdsprachige Schriften mußte er sich von Freunden übersetzen lassen; die Muttersprache jedoch beherrschte er meisterhaft. Sein Hauptwerk, dessentwillen ihm dieser TATORT gewidmet ist, wurde gelegentlich sogar auf eine Stufe mit *Luthers* Bibelübersetzung gestellt. Allerdings ist, wenn man neuesten Forschungsergebnissen folgt, seine alleinige Verfasserschaft eher unwahrscheinlich; sicherlich aber hat er dem *opus magnum* den Weg gewiesen.

Vom Inhalt her steht es hoch über jeder Willkürjustiz. Obwohl es keine radikalen Veränderungen einleitete, brachte es eine Fülle neuer Denkansätze und Lösungsversuche. Das zeigt exemplarisch jene berühmte Bestimmung über das *Stehlen in rechter Hungersnot:* Sie läßt den Täter unter Umständen straffrei, wenn Hunger, den er selbst, sein Weib oder seine Kinder leiden, ihn zum Diebstahl von *essenden Dingen* getrieben hat. Hier dringt mit Macht das Schuldprinzip ins Strafrecht ein. Gravierender noch waren die Änderungen im prozessualen Bereich. Dort sollte eine systematische Auflistung jener Verdachtsmomente, welche eine peinliche Befragung des Beschuldigten rechtfertigten, die regellose und vom Ermessen des Richters abhängige Folterung auf eine solide Rechtsgrundlage stellen.

Wenn auch die Umsetzung dieser und vieler anderer Neuerungen in der Praxis recht lange auf sich warten ließ, so war doch die Signal- und Vorbildwirkung dieser zunächst nur für ein kleines Gebiet entworfenen Ordnung beachtlich. Den großen Triumph seines Werkes im Reichstag, der freilich mit einem schmerzlichen Vorbehalt erkauft werden mußte, durfte der – in mehr als einem Sinne – große Mann nicht erleben. Er starb an einem 21. Oktober in einem „Goldenen Kreuz" in einer Stadt, die man später „des Reiches Schatzkästlein" nannte. Sein Grab fand er ebendort auf einem besuchenswerten (Prominenten-)Friedhof neben einem anderen Hans, der als reimeschmiedender Schustermeister zu großer Berühmtheit gelangte und sogar in die Opernliteratur Eingang fand. Solches widerfuhr unserem *teutschen Cicero* nicht; immerhin tauchte er, namentlich und charakterlich bis zur Unkenntlichkeit verfremdet, in einem bekannten Stück eines bekannten Vielschreibers mit dem wohl bekanntesten Zitat deutscher Zunge (!) auf – als eines *Bischofs rechte Hand,* als ein *gewaltiger Herr.* Im wirklichen Leben hatten er und sein prothesentragender Titelheld allerdings nur flüchtig miteinander zu tun gehabt.

Spurensuche . . .

1. *Wer war unser Held? Wann und wo lebte und wirkte er und wer waren einige seiner prominenten Zeitgenossen?*

2. *Welches war sein (für uns) wichtigstes Werk? Für welches Gebiet galt es und was ist sein wesentlicher Inhalt?*

3. *Was ist mit dem „Triumph" des Werkes gemeint und um welchen Reichstag handelte es sich?*

4. *Wie heißt und worin bestand die Lehre über die Verdachtsmomente, welche die Anwendung der Folter rechtfertigten?*

5. *Wie heißt die berühmte Vorbehaltsklausel und welche Wirkung entfaltete sie?*

6. *In welchem Stück und in welcher „Rolle" tauchte unser Held später wieder auf? Wer war der Titelheld und welche Rolle spielte dieser im „wirklichen Leben"?*

Lösung: Siehe Seite 73

Fall Fünf

Weiche Landung

Der weitläufige, aber ziemlich regellos zusammengestoppelte Gebäudekomplex beherbergt an die 440 Räume. Nicht alle sind (heute noch) sehenswert; fast alle jedoch haben sie Geschichte gesehen, erlebt, vielfach auch erlitten: Krönungen und Huldigungen; Turniere und Festmähler; Gerichtstage und Urteilssprüche; Präsidentenwahlen und Verfassungseide; Bruderzwist und Bruderküsse, echte und weniger echte ... Ein Ereignis der ganz besonderen Art trug sich an einem Frühlingstag im Ludwigsflügel zu, in einem schönen Erkerzimmer, das einen atemberaubenden Panoramablick über das „Rom des Nordens" gewährt. Dort, wo die Hofkanzlei ihren Sitz hatte, huldigte man gewöhnlich den Statthaltern des fernen Regenten. Diesmal jedoch, an einem 23. Mai, hatten die „Besucher" der Guten Stube – etwa 100 Edelleute und eine Handvoll Patrizier – ganz anderes im Sinn als Huldigung: Protest hieß ihre Devise, Protest und Verwahrung gegen Eingriffe in verbriefte Rechte weltlicher und kirchlicher Art, die ihnen die reaktionäre Bewegung bereits zugefügt hatte oder noch zuzufügen drohte. Deren Seele war ein im allgemeinen gutmütiger, in Glaubensfragen aber außergewöhnlich starrsinniger Mann, der nach eigener Aussage *lieber eine Wüste als ein Land voller Ketzer regieren* wollte. Da er selbst nicht greifbar war – er saß weit im Südosten und war damit beschäftigt, eine (weitere) Königskrone zu erwerben –, entluden sich Zorn und Grimm der aufgebrachten und von ihren Anführern geschickt aufgestachelten Menge über die vier anwesenden Statthalter. Nach heftigen Wortgefechten wurden zwei von ihnen, gegen die man besonderen Groll hegte, in den 15–20 Meter (!?) tiefergelegenen, wasserlosen Hirschgraben *defenestriert*.

Das eine der Opfer schrie gellend *Jesus! Maria! Hilfe!*, als es über die Fensterbrüstung gestoßen wurde; und auch sein Leidensgefährte flehte zur Heiligen Jungfrau, ehe er, fast bewußtlos geschlagen, den Halt verlor. Da man so schön in Schwung war, schickte man den beiden Galionsfiguren eines verhaßten Regimes noch ihre Federhüte, ein paar Flintenkugeln und ihren Geheimschreiber Philipp *Fabricius* nach. Der traf es am besten, denn er landete genau auf einem seiner Chefs, was freilich nicht ganz der strengen spanischen Etikette entsprach. Seine höfische Schulung half ihm über diese peinliche Situation hinweg. Geistesgegenwärtig entschuldigte er sich bei der Exzellenz für den schrecklichen Fauxpas, ehe er sich aufrappelte und – völlig unverletzt! – das Weite suchte. Später wurde er unter dem sinnigen Prädikat *von Hohenfall* zum Baron erhoben.

Nicht ganz so gut erging es seinen Vorgesetzten. Der eine erlitt leichte, der andere etwas schwerere Verletzungen; beide aber überlebten den Sturzflug und den nachfolgenden Aufprall und konnten von Freunden und Dienern in Sicherheit gebracht werden. Ob ein Haufen von Unrat, der sich nach damaliger Entsorgungsmethode im Graben angesammelt hatte, und/oder die starke Neigung der Böschung für eine weiche Landung gesorgt hatten; ob die schweren und faltenreichen Mäntel à l'espagne den Flug der drei Opfer gebremst und dann den Aufprall gemildert hatten; ob vielleicht sogar ihre Stoßgebete erhört worden waren – all das ist schwer zu entscheiden. Dem Maienwunder folgte jedenfalls keine Einkehr, keine Besinnung, keine Toleranz, sondern einer der fürchterlichsten Kriege, den die Welt jemals gesehen hatte. Er hinterließ Mitteleuropa „als pockennarbigen Friedhof" und kostete Hunderttausenden die Gesundheit, das Leben, die Heimat, den Glauben. Zu seinen ersten Opfern zählten die Anführer der Fensterstürzler und deren Freunde. Ihnen wurde ein paar Jahre nach jenem denkwürdigen Gewaltakt das Todesurteil verkündet – ein Stockwerk unter jenem berühmt-berüchtigten Saal, wo ein seltsamer Funke nach Art der *opera buffa* ein religiös-politisches Inferno entzündet hatte.

Spurensuche . . .

1. *Wo und wann trugen sich die geschilderten Ereignisse zu? Wer waren die (mittel- oder unmittelbar) Beteiligten?*

2. *Um welche „verbrieften kirchlichen und weltlichen Rechte" ging es dabei?*

3. *Welche „reaktionäre Bewegung" ist gemeint?*

4. *Welche „andere Königskrone" ist gemeint?*

5. *Welcher Krieg (eigentlich: welche Folge von Kriegen!) folgte dem „Maienwunder"; wie und wann endete er?*

Lösung: Siehe Seite 79

Fall Sechs

Familienbetrieb und Erbschaftssachen

Es war ein kühler Mittwoch im April, als sich schlag 10 Uhr vierundzwanzig würdige Herren auf Geheiß ihres Brötchengebers in der *geheimen Raths Stube* eines weitläufigen und burgartigen, im Laufe der Jahrhunderte oftmals umgestalteten Gebäudes versammelten. Nachdem sie in strenger Rangfolge eingetreten und *jeder an seinem ohrt stehend gebliben* waren, las ein altgedienter Funktionär aus der hochkarätigen Runde seinen Kollegen *Lauth- und deutlich* einige *instrumenta* vor, die ein Jahrzehnt vorher unter seiner, des Vorlesenden, Federführung abgefaßt, dann aber geheimgehalten worden waren. In ihnen hatten der Hausherr, sein Vater und sein älterer Bruder weitreichende Abmachungen über die künftige Strukturierung ihres weitverzweigten Familienunternehmens getroffen. Freilich war dann nicht alles nach Plan gelaufen: Vater und Bruder waren gestorben, und auch die mächtige Konkurrenz war nicht untätig geblieben. So hielt man die Zeit für gekommen, die seinerzeit im Sommerhaus der Familie, der *Favorita,* beschworenen Familienpakte publik zu machen und im Hinblick auf die mittlerweile eingetretenen Veränderungen der Lage zu erklären. Zu diesem Behufe ergriff auch der Chef des Hauses, übrigens wie viele aus seiner Familie ein passionierter Jäger, das Wort. Er sprach viel von Erbfolge und vom künftigen Zusammenhalt der zahlreichen „Töchter" seines multinationalen Unternehmens. In diesem sollten nach Möglichkeit die Männer das Sagen haben; nur bei deren *abgang aber, so Gott gnädiglich abwenden wolle,* konnte auch eine Frau zum Zuge kommen.

Ausgeräumt waren alle Sorgen damit nicht. Im Gegenteil! Gleich nach dem Tode des Unternehmensführers, der kurz nach seinem 55. Geburtstag an einer Pilzvergiftung und/oder an einer auf der Jagd „eingefangenen" Erkältung starb, gingen die Probleme erst richtig los, und es bedurfte vieler Anstrengungen und Opfer, um das Familienerbe zusammenzuhalten. Vielleicht wäre es tatsächlich besser gewesen, einen *vollen schatz* und *gut eingeübte Truppen* bereitzustellen, als sich auf papierene Erklärungen zu verlassen – wie auf jene, die an jenem Apriltag verlesen und publiziert wurde. Der solches sagte, war ein wahrlich treuer Diener des Hauses, der einst aus Karrieregründen aus dem fernen Frankreich angereist und dank seiner Tüchtigkeit sehr schnell in das obere Management des Unternehmens aufgestiegen war.

Doch wie auch immer: Der Rechtsakt war zwar nicht, wie man damals hoffte, *die einzige und unfehlbare Richtschnur auf folgende Weldtzeitten,* wirkte aber noch lange als eine *lex fundamentalis* der Familie, die später einen Doppelnamen führte, und erlangte etwas mehr als anderthalb Jahrhunderte nach seiner eingangs geschilderten Proklamation erneut große Bedeutung, als es – wieder einmal – darum ging, das auseinanderdriftende Unternehmen von Grund auf neu zu organisieren.

Spurensuche . . .

1. *Wer waren die Hauptbeteiligten? Wo und wann fand die Zusammenkunft statt?*

2. *Welche „instrumenta“ wurden verlesen? Wo und wann wurden sie ursprünglich abgefaßt und was war ihr wesentlicher Inhalt?*

3. *Was hatte sich zwischen ihrer Abfassung und ihrer Verlesung geändert?*

4. *Um welches Familienunternehmen ging es und worin bestanden die Schwierigkeiten und Opfer, es zu erhalten?*

5. *Wie nannte man diesen Rechtsakt – und warum? Und was war sein wesentlicher Inhalt?*

6. *Bei welcher Neuordnung spielte er (wieder) eine Rolle?*

Lösung: Siehe Seite 84

Fall Sieben

Der Spitzel und sein Mörder

Es war das erste politische Attentat aus Überzeugung in Deutschland. Sein Opfer: ein weitgereister und weltgewandter Schriftsteller, der ua in seinem *Litterarischen Wochenblatte* die Ideale der Jugend seiner Zeit mit Spott und Hohn übergossen und sich dadurch besonders in Studentenkreisen verhaßt gemacht hatte. Das allein hätte wohl nicht genügt, den zweifellos begabten, im ganzen aber doch auf breitenwirksame Effekthascherei bedachten Vielschreiber (über 200 dramatische Werke!) als Zielscheibe eines Mordanschlages auszuersehen. Als er jedoch als Agent einer östlichen Großmacht (Jahresgehalt 12.000 Rubel!) enttarnt wurde, dessen Einsatzgebiet hauptsächlich auf akademischem Boden lag, wuchs bei einem jungen Fanatiker der Haß auf den *Verführer der Jugend* und *Verräter des Vaterlandes* zur festen Mordabsicht. Nach sorgfältiger Planung und Vorbereitung der Tat verschaffte sich der 23jährige *Unbedingte* unter falschem Namen *(Heinrich aus Mietau)* Zutritt in das Wohnzimmer seines 34 Jahre älteren Opfers und brachte diesem drei jeweils mit großer Kraft geführte Dolchstöße bei, von denen wahrscheinlich schon der erste *absolut tödlich* war. Er hatte den *gemeinschaftlichen Stamm der Lungenarterien durchschnitten* und so *die größtmöglichste Blutentleerung* bewirkt. Während die solcherart *gemißhandelte* Symbolfigur eines verachteten Regimes in den Armen ihrer Tochter und vor den Augen ihres vierjährigen Sohnes starb, fügte sich der Mörder zwei Stichwunden zu, die eine (lebensrettende?) Operation notwendig machten und mehrere Monate zur Heilung brauchten. In der gleichwohl – mit entsprechender Schonung des Beschuldigten – durchgeführten

Kriminaluntersuchung bekannte sich dieser, ein Jenaer Student der Theologie von etwas schlichtem Gemüt und schwärmerischer Denkungsart, vorbehaltlos zu dem *Todesstoß.* (Eine gleichnamige selbstverfaßte Broschüre trug er bei sich, als er die Tat beging.) Schuldig im Sinne der Anklage fühlte er sich nicht. Im Gegenteil: *Nach seinem Begriffe war er zur Tat nicht nur berechtigt, sondern sogar verpflichtet.* Berechtigt deshalb, weil er aus Sorge um das Vaterland und um die Jugend und daher subjektiv gut, ja *überaus edel* gehandelt hätte; und verpflichtet deshalb, weil das Opfer durch sein Verhalten *seine eigene Nichtigkeit ausgesprochen,* sich dadurch gleichsam selbst zum Tode verurteilt hätte, so daß der ihm versetzte *Todesstoß* im Grunde einer Urteilsvollstreckung gleichgekommen sei, zu der jeder Deutsche verpflichtet gewesen wäre (!?).

Das Gericht konnte sich dieser krausen Dialektik – verständlicherweise – nicht anschließen und verurteilte den selbstgerechten Überzeugungstäter als einen *geständigen Meuchelmörder* zum Tode durch das Schwert, *ihm zur gerechten Strafe, andern aber zum abschreckenden Beispiele.* Der Scharfrichter, ein aufrechter Demokrat, sah wie viele seiner Zeitgenossen in dem Verurteilten einen Märtyrer für eine gerechte Sache und bat ihn (angeblich) um Verzeihung, ehe er *den Kopf mit einem Hieb vom Rumpf trennte,* wobei jener allerdings *an einem Stück Haut hangen blieb, welches schnell mit dem Schwerte durchgehauen ward.* Aus dem Holz des Blutgerüsts baute der biedere Pfälzer ein Gartenhäuschen in seinem Weinberg, das später Standes- und Gesinnungsgenossen des Delinquenten als Unterschlupf für geheime Zusammenkünfte diente – „in Karls Schafott, als Gäste seines Henkers".

Der Anschlag, ein frühes Beispiel einer action directe gegen die herrschende politische Ordnung, traf freilich keinen der *dreiundreißig Tyrannen,* sondern bloß einen kleinen Zuträger und Helfer der „Tyrannei". Dennoch zeitigte er weitreichende und tiefgreifende Folgen. Abgesehen davon, daß er in der Öffentlichkeit eine leidenschaftliche Diskussion über die sittliche und rechtliche Wertung der Überzeugungstat auslöste, veranlaßte er das „Imperium" zu einem kräftigen Gegenschlag: Lange bevor der Henker seinen Todesstreich führte, traten – in einem auch heute noch wegen seines Heilwassers geschätzten Kurorte – zehn Vertreter der Reaktion zusammen, um Maßnahmen gegen den Geist der Gewaltsamkeit und des Umsturzes zu planen, der sich in dem Messerattentat kundgetan hatte; und um jene radikalen Gruppierungen zu unterdrücken, von denen man, nicht ganz ohne Grund, die Errichtung eines „Staates im Staate" befürchtete. Das Bündel von Maßnahmen, das jene zehn „Kurgäste" beschlossen hatten, war nicht wirkungslos; es konnte aber die Bewegung, aus welcher dieses Verbrechen eines *unglücklich mißleiteten, guten jungen Mannes* (Freiherr *vom Stein*) hervorgegangen war, nicht auf Dauer beugen oder gar brechen. Sie führte, im Gegenteil, bald wieder zu neuen politischen Eruptionen.

Spurensuche ...

1. *Wer war der Spitzel und wer sein Mörder? Wann und wo fand dessen Prozeß statt?*

2. *Was ist unter einer „Überzeugungstat" zu verstehen?*

3. *Wer könnte mit den „dreiunddreißig Tyrannen" gemeint sein und welche verfassungsrechtliche Struktur mit „Imperium"?*

4. *Worin bestand dessen „Gegenschlag", wo wurde er vorberaten und wo und von welchem Gremium schließlich formell beschlossen?*

5. *Was versteht man unter „Staat im Staate"? Von welchen Kräften befürchtete man seine „Errichtung"?*

6. *Welche weiteren „politischen Eruptionen" sind gemeint?*

Lösung: Siehe Seite 88

Fall Acht

Das Fähnlein der Sieben Aufrechten

Als alles vorüber war, schrieb einer der Hauptbetroffenen sich den ganzen Frust, den ganzen Ärger und die ganze Enttäuschung von der Seele: *War sint die eide komen?* (Wohin sind die Eide gekommen?), fragte er zornbebend-markig in einer edlen Schrift, die der Zensur wegen im Ausland (Basel) erscheinen mußte. Man schrieb das Jahr, in welchem zwischen England und China der „Opiumkrieg" entbrannte; in dem Franz *Grillparzers* Lustspiel „Weh dem, der lügt" seine Wiener Uraufführung und zugleich seinen ersten Flop erlebte; und in dem der Franzose *Daguerre* das erste gewerblich erfolgreiche fotografische Verfahren entwickelte.

Die Frage nach dem Verbleib der Eide, eher ein massiver und empörter Vorwurf an die herrschende politische Richtung als eine echte Frage, war nicht zufällig dem Nibelungenlied entnommen. Die Helden und die Sänger, die Sagen und die Lieder des deutschen *alterthums* hatten es dem hier gesuchten TATORT-„Opfer" von Jugend auf angetan. Schon als er, gerade 17jährig, im Marburger Haus seines Lehrers und späteren Freundes und Mentors die erste Bibliothek seines Lebens sah, machte eine *alte ausgabe der deutschen minnesinger* den stärksten Eindruck auf ihn. Dieser Liebe zum Antiquarischen in Sprache, Sitte, Poesie und Recht ist der *studierte jurist* (Selbsteinschätzung!), der allerdings niemals einen formellen Studienabschluß erreichte, ein langes, wechselvolles und arbeitsreiches Gelehrtenleben treu geblieben – wobei er in einem seiner Brüder einen kongenialen Partner und Hausgenossen hatte.

Nun aber, als gute Fünfziger, lagen die beiden „Begründer der Germanistik“ im Clinch mit ihrem Brötchengeber. Was war geschehen? Welcher *wetterstrahl* hatte der Brüder *stilles haus* getroffen – in jener Kleinstadt an der Leine, welche die damals wohl berühmteste Universität und Bibliothek Deutschlands beherbergte? Es war nichts Geringeres als ein Bannfluch aus Allerhöchstem Munde, der das Zweigestirn und eine Handvoll seiner Gesinnungsfreunde kurzerhand aus dem Lehramte entfernt und ohne viel Federlesens auf die Straße gesetzt hatte. Dabei waren die von ihrem *Dienstherrn* so schnöde Behandelten allesamt und durch die Bank keine radikalen Berufsrevoluzzer oder jugendlichen Autoritätsfeinde, sondern – ganz im Gegenteil – erzbrave Staatsdiener und Angehörige des (etwas klein-)bürgerlichen Establishments. Sie hatten „nur“ getan, was ihnen ihr Gewissen vorschrieb, nämlich einen Eid zu halten, den sie einige Jahre vorher auf das *Staats-Grundgesetz* ihres Landes geleistet hatten. Gerade dieses aber war dem neuen Landesherrn, der seinem Bruder Wilhelm, einer Art „Bürgerkönig“, auf den Thron gefolgt war, ein Dorn im Auge. Er entfernte ihn, indem er das ungeliebte Produkt eines konservativ-liberalen Kompromisses für ungültig erklärte. Nicht gerade die feine englische Art, dieser Staatsstreich, aber doch der konsequente und entschlossene Versuch eines aristokratisch-autokratischen Torys, das Rad der Geschichte in vorkonstitutionelle Zeiten zurückzudrehen.

Diesem Versuch war kein dauerhafter Erfolg beschieden. Auch die Durststrecke der Sieben Aufrechten, die ihrem *König von Gottes Gnaden* Protest, genauer: Eidesverwahrung entgegengeschleudert hatten, ging bald zu Ende. Unser Held, der bedingungslose Liebhaber und unermüdliche Sammler von *weisthümern* und *rechtsalterthümern* sowie kompromißlose Verfechter der *kleinschreibung* (damals schon!), fand bald eine angemessene neue Wirkungsstätte. Ein „Romantiker auf dem Thron der Caesaren“ berief ihn (und natürlich seinen Bruder) an eine schon 1700 gestiftete *Königliche Akademie der Wissenschaften*, womit das Recht verbunden war, an der Friedrich-Wilhelm-Universität Vorlesungen zu halten. Dort, in jener nördlichen Haupt- und Großstadt, traf der zierliche

Mann mit dem scharf geschnittenen Gesicht und dem buschigen weißen Haar auch seinen Lehrer aus den Marburger Tagen wieder. Der war in der Zwischenzeit zum Minister aufgestiegen, und zwar im Departement für Gesetzesrevision. Eine Ironie der Geschichte! War es doch ausgerechnet dieser strahlende Stern am Juristenhimmel gewesen, der seiner Epoche die Berufung zur Gesetzgebung abgesprochen, diese vielmehr der rechtsschöpferischen Kraft des *Volksgeistes* zugewiesen hatte! Nun ja, es war nicht die einzige Inkonsequenz in den Lehren des großen Mannes, den Heinrich *Heine* einmal recht unfein als *süßlichen, geleckten Troubadour der Pandekten* verhöhnte. Auch sein ehemaliger Schüler hat bei passender Gelegenheit etwas boshaft angemerkt, er, jener Fürst der Wissenschaft, wäre wohl besser beim *magisterium* geblieben als zum *ministerium* hinübergewechselt!

Spurensuche . . .

1. *Wer waren die „Sieben Aufrechten"? Wer ihr Gegenspieler?*

2. *Um welches „Staats-Grundgesetz" ging es bei diesem Konflikt?*

3. *Mit welchen Argumenten wurde es aufgehoben und mit welchen verteidigt?*

4. *Wer war der „Fürst der Wissenschaft" und welche Lehre vertrat er?*

5. *Welche Rolle kam darin unserem „Helden" zu?*

Lösung: Siehe Seite 92

Fall Neun

Gefährliche Liebschaft

Der kunstsinnige Herr, ein fröhlicher Sünder und frommer Katholik, der sich gerne mit Künstlern umgab und selbst die Feder zu manchem – eher bescheidenen – Distichon zückte, war nicht mehr einer der jüngsten und in Liebesdingen keineswegs unerfahren. Dennoch – oder gerade deshalb? – fiel er Hals über Kopf auf eine mittelmäßige Tänzerin herein, die am Hoftheater seiner Heimatstadt ein Engagement suchte (und schließlich auch erhielt). Schon die erste Begegnung der beiden „hatte es in sich" – wenn man dem Geheimbericht eines österreichischen Konfidenten namens *Hineis* an das Polizeiministerium in Wien glauben darf: Als nämlich der Hausherr die Echtheit der schön gewölbten Formen seiner Besucherin bezweifelte, nahm diese kurzerhand eine Schere vom Tisch und schnitt ihr Kleid auf ... Von da an ging's bergab, zunächst jedenfalls mit dem älteren Herrn. Obgleich seine Liebe, wie er mehrfach in privaten Gesprächen wie in offiziösen Kreisen verlauten ließ, aus natürlichen Gründen platonisch blieb, „raste aus ihm noch einmal ein Ätna hervor". Seine Geschäfte und sein Familienleben, aber auch seine Gesundheit und seine Reputation litten, hatte er doch nur Augen und Sinne für die raubtierhafte Schönheit seiner Angebeteten, die Zeitgenossen als eine Mischung von *Maria Stuart* und Josefine *Beauharnais* beschrieben. Daß *Rosanna Gilbert,* wie die zugereiste Exotin mit bürgerlichem Namen (vielleicht) hieß, in jenen Tagen nicht mehr ganz taufrisch war; daß sie mit zahlreichen Männern aller Gesellschaftsschichten liiert und mit wenigstens einem von ihnen verheiratet gewesen war; daß sie in mehreren Städten Europas in Skandale verwickelt und mit der

Polizei in Konflikt gekommen war – all das tat der brennenden Lust des alternden Künstlerfürsten keinen Abbruch. Ob seine Freundin die ihr überschwenglich dargebrachte Zuneigung erwiderte, ist nicht ganz klar; genossen jedenfalls hat sie diese in vollen Zügen. Sie erhielt Stadtvilla und Theaterloge, Silber und Brillanten, Bediente und Equipage; und wenn sie in der Residenzstadt auf Einkaufstour ging und sich – wieder nach *Hineis – Schuhe, Mieder und sonstige Kleidungsstücke ... von den betreffenden Gewerbsleuten ungescheut an jedem Teil des Körpers nackt anmessen ließ,* meinte sie großzügig: *Mein Louis wird es schon zahlen!* Das alles hätte die staunende Umwelt dem Liebhaber der tanzenden „Spanierin" wohl nachgesehen; man war großzügig in solchen Dingen bei Leuten seines Standes und seiner Stellung und klagte lieber über die hohen Lebenshaltungskosten, besonders über die steigenden Bier- und Getreidepreise. Als aber die gute Dame begann, Einfluß auf berufliche Entscheidungen ihres Freundes zu nehmen, wuchs sich das private Verhältnis zu einem öffentlichen Skandal aus, der nicht nur die (Boulevard-)Presse, sondern auch so manche Staatskanzlei des Auslandes beschäftigte.

Die Lage spitzte sich zu, als *Herr Maier seiner Pepi,* wie die beiden im Volksmunde spöttisch genannt wurden, eine Standeserhöhung und (als Voraussetzung dazu) die Staatsangehörigkeit seines Landes verschaffen wollte. Für letztere nämlich war die Zustimmung höchster Regierungsstellen erforderlich. Daran aber schieden sich die Geister: Die „Lolamontanen" bekämpften die „Ultramontanen" und umgekehrt – und den Liberalen waren beide verhaßt oder doch verdächtig. Es kam zu Straßenunruhen, zur Entlassung von Staatsbeamten, auch von mehreren Professoren, ja sogar zur (vorübergehenden) Schließung der Landesuniversität. Auch einige Minister verloren in rascher Folge ihr Amt, darunter ein Rechtshistoriker, der ua „Das Stadt- und das Landrechtsbuch des Ruprecht von Freysing" herausgegeben und mehrere umfangreiche, allerdings nur schwer verdauliche Bücher über die Geschichte der Gemeindeverfassung geschrieben hatte. Außerdem war er in Griechenland tätig gewesen zu einer Zeit, als Königshäuser noch einen beliebten Exportartikel darstellten. Mit seinem

„Ministerium der Morgenröte“ ging er sang- und klanglos unter – weil er sich weigerte, mit der Freundin seines Brötchengebers gesellschaftlich zu verkehren. Diese erhielt schließlich doch die Einbürgerung und dazu einen klingenden Titel. Beider konnte sie sich allerdings nur kurze Zeit erfreuen. Studenten zettelten Unruhen und Ausschreitungen an, in deren Verlauf ihr Haus gestürmt und verwüstet wurde. Ihr selbst glückte die Flucht mit Mühe und Not. Über mehrere Zwischenstationen und (drei?) weitere Ehen gelangte sie in die USA, wo sie Vorträge über politische und soziale Zustände hielt, für die Emanzipation der Frauen kämpfte und in selbstverfaßten Spektakelstücken zum Gaudium kalifornischer Goldsucher als „Freiheitsheldin“ auftrat. Mit 43 Jahren starb sie in Armut in New York. Ihr ehemaliger Liebhaber verlor seine Stellung kurz nach ihrer Flucht an seinen Sohn, als Opfer einer machtvollen Volkserhebung. Viele Jahre später nahm sich die Leinwandbranche des abenteuerlichen Sujets an.

Spurensuche . . .

1. *Wer waren die Partner der Affäre und wann und wo trug sie sich zu? Welchen wohlklingenden Titel erhielt die Künstlerin?*

2. *Warum kostete diese Affäre mehrere Minister das Amt?*

3. *Wer war der Rechtshistoriker im „Ministerium der Morgenröte“ und in welcher Eigenschaft war er in Griechenland tätig gewesen?*

4. *Um welche Volkserhebung handelte es sich und welche Ziele strebte sie an?*

Lösung: Siehe Seite 96

Fall Zehn

Das kopflose Haus

Das Jahr begann mit stolzen Erfolgen im alpinen Skisport und im Eiskunstlauf der Herren; mit einem ausgewachsenen Waffenhandels-Skandal im Politdreieck Italien–Österreich–Ungarn; mit einer dramatischen Verschärfung der (Welt-)Wirtschaftskrise und mit einem Höchststand an Arbeitslosen. Ihre Zahl, einschließlich der nicht mehr unterstützten Ausgesteuerten, betrug an die 600.000 Mitbürger, fast 10% der Gesamtbevölkerung. Als man, aus Geldmangel, einer wichtigen und einflußreichen Berufsgruppe die Märzgehälter entgegen dem Kollektivvertrag nicht auf einmal, sondern in drei Raten auszahlen und die Pensionen nicht unerheblich kürzen wollte, traten deren Angehörige am Monatsersten in einen zweistündigen (9–11 Uhr) Proteststreik.

Um diese Problematik, im besonderen um die straf- und disziplinarrechtliche Behandlung der Streikenden ging es dem „repräsentativen“ Gremium, das ein paar Tage später zu einer Sondersitzung zusammentrat. Es waren 151 Männer und elf Frauen, die sich an einem Samstagnachmittag um 15 Uhr 15 in einem säulengeschmückten Saal des in hellenischen Formen erbauten Prachtgebäudes versammelten. Die Stimmung war von Anfang an gereizt, die Meinung geteilt, die beiden Lager fast gleich stark. Lärmende Zwischenrufe, *Pfui-* und/oder *Hört!Hört!*-Geschrei prasselten auf die Redner nieder; böse Schimpfwörter und beleidigende Anspielungen flogen von links nach rechts und von rechts nach links. Als man schließlich nach stundenlangem Wortgefecht zur Abstimmung schritt, stand die Entscheidung auf des Messers Schneide. Prompt entstand eine wüste Geschäftsordnungsdebatte um die Frage, ob nach der Abstimmung über die Anträge eins und zwei noch über den dritten Antrag abzustimmen sei. Da man sich nicht einigen konnte, unterbrach der Verhandlungsleiter die Sitzung auf zehn Minuten. Als er sie fast eine Stunde später wieder aufnahm, ging die Streiterei von neuem und womöglich noch heftiger los. Zu allem Überfluß hatte man festgestellt, daß bei den beiden Abstimmungen nicht alles ganz den Regeln entsprechend zugegangen war. Es handelte sich zwar nur um ein kleines Versehen, um ein peinliches Mißgeschick, das aus Nervosität und/oder Gedankenlosigkeit passiert war; aber es hatte schwerwiegende Konsequenzen: In dem folgenden Tohuwabohu sah sich keiner der Herren, die dazu kraft ihrer Stellung berufen gewesen wären, in der Lage, für Ruhe und Ordnung zu sorgen. Außerdem wollte zumindest einer von ihnen, eine Usance der Geschäftsordnung nutzend, seine Funktion loswerden, um der Meinungsbildung der Versammlung notfalls eine andere Richtung zu geben. So stiegen sie denn alle drei, einer nach dem anderen, von der Präsidentenestrade herunter zu ihrem Fußvolk, das sie mit *lebhaftem Beifall* begrüßte. Im übrigen begriff niemand so recht, was da geschehen war. Erst als ein Diener die Glocke des Präsidenten wegräumte, ging das – in mehr als einem Sinne! – kopflos gewordene Haus unter *anhaltenden Zwischenrufen* auseinander. Das war um 21 Uhr 55. Eine Stunde später erloschen die letzten Lichter in dem von Pallas Athene behüteten Bauwerk. An jenem fatalen Abend hatte wohl kaum einer der Beteiligten einen Gedanken an die Göttin der Weisheit verschwendet.

Unmittelbar nach dieser chaotischen Sitzung etablierte sich ein „neuer Kurs“, der sich auf ein aus einer anderen Zeit und aus einer anderen Welt stammendes Instrument stützte. Obgleich er davon häufig und in extremer Weise Gebrauch machte (141mal im folgenden Jahr), gelang es ihm nicht, schwere innen- und außenpolitische Turbulenzen zu vermeiden. Dies umso weniger, als in wichtigen Nachbarländern ähnliche Tendenzen bestanden. Sie erwiesen sich sehr bald als tödliche Gefahr für den kleinen, im Herzen Europas gelegenen „Staat, den keiner wollte“. Im Lichte der folgenden Ereignisse erscheint der Streit, der an jenem März-tage in der Versammlung getobt hatte, als das unheilträchtige Vorspiel zu einer griechischen Tragödie.

Spurensuche . . .

1. *Um welche Versammlung handelte es sich?*

2. *Worum ging es in der stürmischen Debatte?*

3. *Welches „Mißgeschick" führte zu ihrem formlosen Ende?*

4. *Welche Konsequenzen ergaben sich daraus?*

5. *Was ist mit dem „neuen Kurs" gemeint?*

6. *Auf welche Rechtsgrundlage stützte er sich?*

7. *Welche Entwicklungen in den Nachbarländern sind gemeint?*

Lösung: Siehe Seite 100

Abbildungen

Die Erklärungen zu den Bildern sowie die Herkunftsnachweise finden sich bei den entsprechenden Lösungen, jeweils nach den Literatur- und Quellenhinweisen.

Für Rat und Hilfe bei Auswahl und Beschaffung der Bilder habe ich Frau OR Prof. Dr. Christiane *Thomas* vom Österreichischen Haus-, Hof- und Staatsarchiv in Wien zu danken.

SCS PETRVS
BEATE·PETRE·DONAS
VITA·LEON·PP·E·BICTO
RIA·CARVLO·REGI·DONAS·

Bild I

Bild II

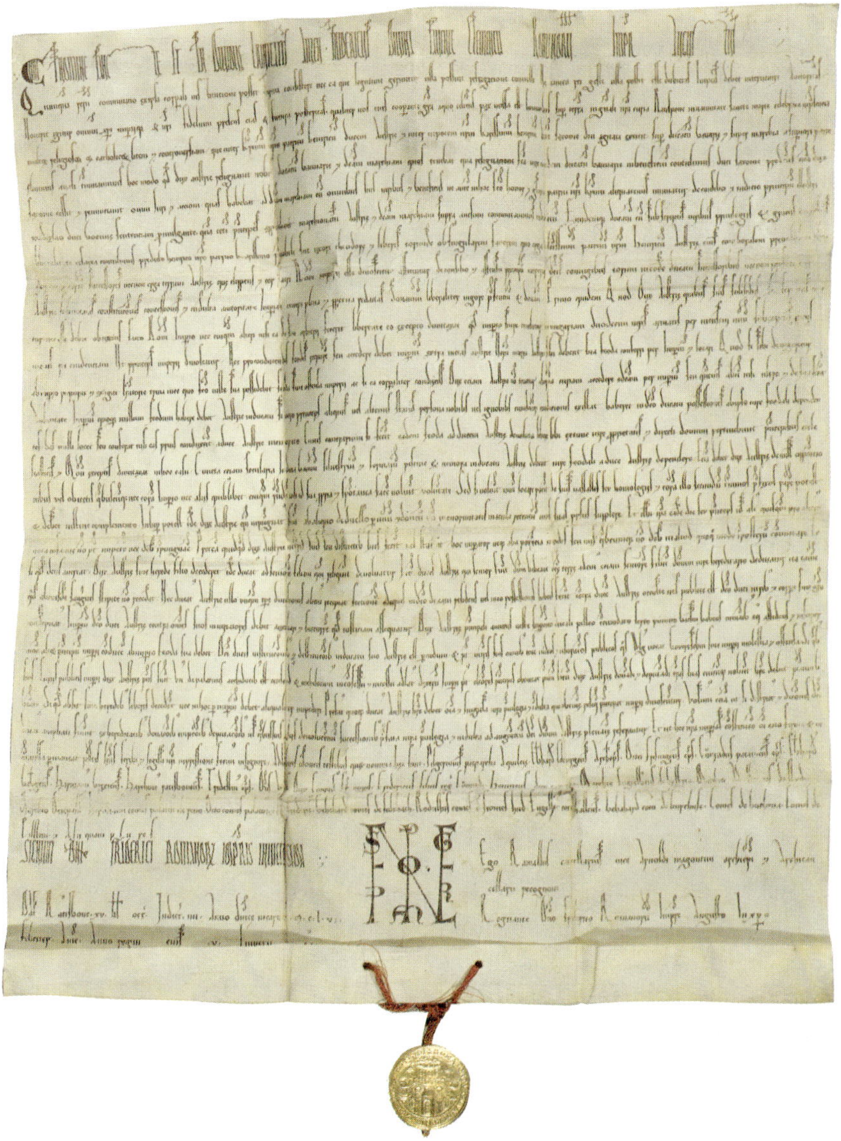

Bild III

Bild IV

Bild V

DEUTSCHE RECHTS
ALTERTHÜMER

VON JACOB GRIMM.

GÖTTINGEN,
IN DER DIETERICHSCHEN BUCHHANDLUNG
1828.

Bild VI

Paris chez le Blanc!

Lola Montez Comtesse de Landsfeld.

Bild VII

Bild VIII

Lösungen

Eine schöne Bescherung

Kaiserkrönung Karls des Großen am Weihnachtstage 800

1. Opfer und Protektor

Bei dem **Opfer** des Anschlags im Jahre 799 handelte es sich um Papst *Leo III.* (gest. 816), der noch am Begräbnistage seines Vorgängers, *Hadrians I.* (26. Dezember 795), zum Papst gewählt und am Tage darauf geweiht wurde. Dabei dürften Bestechungsgelder eine nicht unwichtige Rolle gespielt haben, doch galt die Wahl den Zeitgenossen als rechtmäßig und einwandfrei. Welche Kräfte den nichtadeligen Außenseiter begünstigt hatten, ist unklar. Jedenfalls geriet der neue Papst schnell in Gegensatz zu einer römischen Adelspartei, auf die einst Hadrian sich gestützt hatte. Ihr gehörten auch die **Attentäter** an, allen voran Hadrians Neffe *Pascalis,* der als *primicerius* an der Spitze der päpstlichen Bürokratie stand, und der *saccellarius* (= Schatzmeister) namens *Campulus.* Beide hatten große Karriere innerhalb der Kurie und als Gesandte zu Karl dem Großen gemacht und fürchteten nun unter Leo um ihre Stellung und um ihren Einfluß. So entschlossen sie sich, ermutigt *von vielen anderen Einwohnern Roms,* zum Gewaltstreich. Dessen Verlauf ist nicht genau überliefert. Besonders um die geplante Verstümmelung des Papstes und um dessen Entkommen bleiben viele Fragen offen. Wie es scheint, brachten die Attentäter selbst den Verletzten in ein Kloster (St. Erasmus), wo er geheilt werden sollte – und auch tatsächlich genas. Von dort gelang ihm mit Hilfe einiger Getreuer die Flucht nach St. Peter, wo zwei in der Nähe weilende Königsboten (*missi*) des fränkischen Königs sich seiner annahmen. – Sein **Protektor** war *Karl der Große* (742?–814), 754 gemeinsam mit seinem Vater, *Pippin dem Jüngeren* (715–768), und seinem jüngeren Bruder *Karlmann* (771) von Papst *Stephan II.* (752–754) zum König der Franken gesalbt und mit der Würde eines *patricius Romanorum* versehen, die er 774 ausdrücklich in seinen Titel aufnahm; nach Pippins Tod (768) neben Karlmann fränkischer Teilkönig, nach seines Bruders plötzlichem Tode (771) einziger *rex Francorum;* seit 774 auch *rex Langobardorum.* Gründer eines mitteleuropäisch-fränkischen (wenn auch nur locker strukturierten) Großreiches, das von der Nordsee bis zum Ebro und weit nach Süditalien reichte und sich vom Atlantik bis zu einer Linie Istrien – Wienerwald – Böhmerwald – Saale – Elbe (bei Lauenburg) erstreckte, aber nach dem Tod Karls bald wieder zerfiel.

2. Sachsenkrieg

Neben der Unterwerfung der Langobarden (774), der Bayern (788) und der diesen benachbarten Awaren (795) führte Karl seit 772 einen über **dreißigjährigen Kampf** um die Eingliederung der heidnischen (in vier Teilstämme zerfallenden) **Sachsen,** in dessen Verlauf es ua zu erzwungenen Massentaufen, zu Massenverpflanzungen und zu Massenhinrichtungen kam. Höhepunkt dieser Unterdrückungspolitik war 782 das sog *Blutbad bei Verden an der Aller,* bei dem nach Angaben der Reichsannalen 4500 (?!) Sachsen, überwiegend Bauern, an einem Tage hingerichtet wurden. Wahrscheinlich zur selben Zeit erging die *Capitulatio de partibus Saxoniae,* ein fränkisches Sondergesetz, das vornehmlich dem Schutz der Kirche und des Christentums galt und dessen zwölf Strafbestimmungen ausnahmslos die Todesstrafe androhten. 797 erließ Karl das *Capitulare Saxonicum,* das unter Mitwirkung sächsischer Großer entstand und der Befriedung des Landes dienen sollte. Ihm folgte 802 die *Lex Saxonum,* eine Aufzeichnung des sächsischen Stammesrechtes, die gleichzeitig mit jener anderer Volksrechte auf dem Reichstag zu Aachen von Karl initiiert wurde.

3. Überraschungscoup

Der **Überraschungscoup** fand in der (außerhalb der Stadtmauern gelegenen) St. Peters-Basilika in *Rom am 25. Dezember 800* statt, dem Weihnachtstage, der allerdings nach der damals am fränkischen Hof üblichen Jahreseinteilung schon der 1. Tag des neuen Jahres 801 und somit des neuen Jahrhunderts war. – Er **bestand darin,** daß Papst Leo III. dem sich vom Gebet erhebenden Frankenkönig eine Krone (welche?) aufs Haupt drückte. Sodann wurde Karl von den anwesenden Römern (!) als *Kaiser akklamiert.* Es folgten Lobgesänge (*laudes*) und die Anrufung der Heiligen, und schließlich erwies Leo dem frisch Gekrönten die Adoration durch Kniefall (Proskynese). Im Anschluß daran salbte und krönte der Papst Karls Sohn, Karl den Jüngeren, zum König der Franken. – Der genaue Ablauf der Zeremonie ist nicht bekannt. Fest steht, daß sie, jedenfalls auf päpstlicher Seite, gut vorbereitet war und römische, kirchliche, byzantinische sowie fränkische Elemente in sich vereinigte, wobei der (byzantinisch-lateinischen) Akklamation wohl die entscheidende, vielleicht sogar die konstitutive Bedeutung zukam. Jedenfalls wurde Karl *von allen als Kaiser der Römer eingesetzt* und *nach Ablegung des Patriziernamens „imperator" und „augustus"* genannt.

Daß die Kaiserkrönung für Karl wirklich überraschend gekommen wäre, wie des Königs Biograph *Einhard* in seiner *Vita Karoli Magni* etwa dreißig Jahre später schreibt, ist nicht anzunehmen. Ohne Zweifel hat man schon bei der Zusammenkunft in Paderborn und dann nach Karls Ankunft in Rom im November 799 entsprechende Überlegungen angestellt. Denn die Erhöhung des Frankenkönigs zum Kaiser lag in der Luft. Sowohl seine Herrschaft über ein „Vielvölkerreich" mit zwei Königstiteln sowie seine Stellung als *patricius Romanorum,* dh als Schutzherr der *res publica Romanorum* und zugleich des Papsttums wie der römischen Kirche, wiesen in diese Richtung. Dazu trat noch die Notwendigkeit, Karls Eingreifen in Rom und besonders ein etwaiges Vorgehen gegen die Aufrührer auf eine tragfähige rechtliche Grundlage zu stellen. In dieser Situation bot sich das *Kaisertum* als probate Lösung aller rechtlichen wie politisch-theologischen Probleme an. Daß dabei Vorstellungen verschiedener Art und Herkunft in den Staatsakt einflossen, versteht sich von selbst. Im großen und ganzen wird man ihn weniger im Sinne einer *translatio imperii (a Graecis ad Germanos),* dh als einer „Übertragung des Reiches" von den Griechen (Byzanz) auf die Franken, interpretieren dürfen denn als *renovatio imperii,* dh als Erneuerung des weströmischen Kaisertums in der Person des Königs der Franken (und Langobarden), also als Rückkehr der römischen Kaiserwürde an ihren ursprünglichen Sitz im Westen. Diese eigenartige Verknüpfung des Römischen Reiches mit dem Personenverband der Franken und Langobarden fand auch im offiziellen Titel Karls ihren Niederschlag, den er das erste Mal am 29. Mai 801 in einer bei Bologna ausgestellten Urkunde verwendete: *Karolus serenissimus Augustus a Deo coronatus magnus pacificus imperator Romanum gubernans imperium qui et per misericordiam Dei rex Francorum et Langobardorum.*

4. Komplikationen

Mit den zu erwartenden **Komplikationen** mag es zusammenhängen, daß Karl sich nach der Krönung überaus verstimmt zeigte. Man wird daraus nicht schließen dürfen, daß er „Kaiser wider Willen" geworden wäre; wohl aber dürften *Art und Zeitpunkt* der Zeremonie nicht seinen Vorstellungen entsprochen haben (vieles strittig). Wahrscheinlich mißfiel ihm die aktive Rolle, die der Papst dabei spielte, ein Papst zumal, dessen Image durch die vorangegangenen Ereignisse stark angekratzt war. Oder er dachte dabei an „seine" Franken, die von dem Staatsakt weitgehend ausgeschlossen und von einem – naturgemäß – römisch fundierten Kaisertum „ihres" Königs nicht (alle) gerade begeistert waren. Seine geistlichen Berater, *Alkuin* zumal, hatten eher ein spirituales *imperium Christianum* nach alttestamentlichem Vorbild vor Augen als ein staatsrechtlich gefärbtes *imperium Romanum.* Vor allem aber bedeutete Karls Kaiserwürde einen Affront gegenüber Ostrom. Ob man wirklich daran dachte, diesen Konflikt durch eine „Traumehe" zwischen Karl und der byzantinischen Kaiserin *Irene*

(752–803, Mitkaiserin 780, Kaiserin 797) zu bereinigen, bleibe dahingestellt. Aber selbst wenn man das Kaisertum einer Frau, die ihren eigenen Sohn *Konstantin VI.* 797 durch Blendung und Einkerkerung aus dem Wege hatte räumen lassen, im Westen nicht ganz ernst nahm, so stellte doch die Annahme des Kaisertitels durch Karl für Byzanz einen markanten Akt der Usurpation durch einen „Barbarenkönig" dar. Prompt kam es nach Absetzung Irenes (802) durch *Nikephoros* zum offenen Bruch mit Byzanz, der erst nach langwierigen Verhandlungen im Frieden von Aachen 812 mühsam gekittet werden konnte. Gegen den Verzicht auf Venetien und die Städte Dalmatiens erkannte Byzanz den Kaisertitel Karls an, freilich nur als eine Art Rangerhöhung eines viele Völker (*gentes*) beherrschenden Königs. Dessenungeachtet schwelte der Rangstreit zwischen Ost und West, das sogenannte „Zweikaiserproblem", das ganze Mittelalter hindurch weiter.

5. Wirkung

Karls Kaiserwürde hat eine lange und geschichtsmächtige **Wirkung** entfaltet, wenn auch nicht im Sinne einer geradlinigen und ununterbrochenen Entwicklung. Im Grunde zerfiel das karolingische Imperium und verfiel die karolingische Kaiseridee mit dem Tode Karls. Was blieb, ist die dauerhafte *Verbindung Roms mit dem Frankenreich* und dessen Nachfolgestaaten, besonders mit dem *deutschen Reich,* und die Mitwirkung des Papstes bei der Kaisererhebung. Diese Mitwirkung, bei Karls Krönung das erste Mal praktiziert, mag anfangs noch keine Abhängigkeit des Kaisers von der Kurie bedeutet haben; aber der Keim zu den großen mittelalterlichen Auseinandersetzungen zwischen *imperium* und *sacerdotium* war gelegt. Ferner: wenn auch spätere Kaiser ihr Kaisertum anders verstanden, begründeten und rechtfertigten als Karl der Große, so haben sie sich doch – von *Otto I.* über *Friedrich I.* bis zu *Karl IV.* und *Karl V.*, ja selbst bis hin zu *Napoleon* – gern auf ihren großen Vorgänger berufen. Gleiches gilt, mutatis mutandis, für die heutigen Propagandisten eines geeinten Europa. (Doch all dies bietet reichlich Stoff für mögliche künftige TATORTE.)

Literatur

Die Literatur zur Kaiserkrönung Karls ist unüberschaubar. Im Grunde ist das Ereignis in jeder Darstellung der Geschichte des Mittelalters, der Karolinger oder Karls des Großen selbst (wenn auch gelegentlich stark vereinfacht) dargestellt. Eine übersichtliche, zugleich gut lesbare Darstellung des Problems gibt *P. Classen,* Karl der Große, das Papsttum und Byzanz (= Beiträge zur Geschichte und Quellenkunde des Mittelalters 9), Sigmaringen 1985; vgl auch das Taschenbuch von *R. Schieffer,* Die Karolinger, Stuttgart-Berlin-Köln 1992, bes 70 ff, 101 ff.

Conrad I: 73 f; *Hoke* 2 f, 50 f; *Mitteis/Lieberich* 103 ff; *Willoweit* 21 ff, bes 24 ff, 43 ff.

HRG I: Capitulatio de partibus Saxoniae; II: Heiliges Römisches Reich; Imperium; Kaiser, Kaisertum (bes a); Kaiserkrönung; Karl der Große; Kirchenstaat; Lex Saxonum; III: Papst, Papsttum (bes III/3); Patricius; IV: Renovatio (regni, imperii); V: Translatio Imperii.

Quellen

Die hier zitierten Quellenstellen aus den Reichsannalen (*Annales regni Francorum*) und aus *Einhards* Leben Karls des Großen (*Einhardi vita Karoli Magni*) sind (mit deutscher Übersetzung) hg von *R. Rau,* Quellen zur karolingischen Reichsgeschichte I (= Ausgewählte Quellen zur deutschen Geschichte des Mittelalters V), Berlin 1955 (Nachdruck 1966), bes 71 ff, 199 ff. *Hoke/Reiter* Nr 16, 17, 193, 262.

Bild I (Seite 45)

Das berühmte Triklinium-Mosaik zeigt, wie der Apostel *Petrus* dem zu seiner Rechten knienden Papst *Leo* durch das Pallium (*pallium* = weiße Schulterbinde mit sechs schwarzen Kreuzen als persönliches Amtszeichen der katholischen Erzbischöfe/Päpste) die bischöfliche Gewalt und dem zu seiner Linken knienden König (!) *Karl* durch die Fahne die weltliche Gewalt verleiht. Es handelt sich um eine im 18. Jahrhundert angefertigte Kopie des noch vor 800 (!) von Leo III. für den großen Speise- und Repräsentationssaal (*triclinium* = an drei Seiten von Polstern für je drei Personen umgebener altrömischer Eßtisch) des Laterans bestellten Originals, in welchem er seine Vorstellungen von den Beziehungen zwischen Papsttum und weltlicher Herrschaft programmatisch ins Bild setzen – und seinem fränkischen Gast drastisch vor Augen führen ließ: Vorrang der Kirche aufgrund ihres himmlischen Auftrags vor dem Königtum! Das Mosaik befindet sich an der Außenseite der Heiligen Stiege *(Scala Santa)* in Rom, schräg gegenüber von *San Giovanni in Laterano.*

Bildnachweis: Prof. Franz *Hubmann,* Wien

Geldschöpfung durch Geiselschröpfung

Der Fall Löwenherz 1192 – 94

1. Hauptakteure

Hauptakteure der Affäre waren: *Leopold V.* (1157–1194), seit 1177 Herzog von Österreich und seit 1192 auch von Steier (aufgrund des Georgenberger Vertrages 1186 mit *Otakar IV.*). Er nahm am 21. (oder 22.) Dezember 1192 in Erdberg bei Wien den englischen König *Richard I. Löwenherz* (1157–1199, König seit 1189), der sich auf der Rückreise vom Dritten Kreuzzug aus dem Heiligen Land nach Albion befand, gefangen. Von Ende Dezember 1192 bis Mitte März 1193, mit einer etwa zehntägigen Unterbrechung im Jänner, wurde Richard in Dürnstein in Gewahrsam gehalten und dann an den römisch-deutschen Kaiser *Heinrich VI.* (1165–1197, deutscher König seit 1190, Kaiser seit 1191) ausgeliefert, und zwar in Speyer am 23. März 1193. Der Staufer verzögerte, unter ständigen Verhandlungen, die Freilassung Richards bis zum 4. Februar 1194. – Bei der **Erpressungsaffäre** ging es vordergründig um ein enormes Lösegeld von (zunächst) 100.000 Mark Silber Kölner Gewichts (= 23,3 t), von denen Kaiser und Herzog jeweils die Hälfte erhielten. Daneben standen eine Reihe von politischen Forderungen wie Waffenhilfe Richards für Heinrich auf dessen nächstem Sizilienzug; Freilassung „Kaiser" *Isaaks* von Zypern samt Tochter und gewisse nicht näher spezifierte Maßnahmen gegen die Welfen. Garniert wurde dies mit einem Heiratsprojekt zwischen einem erst zu nennenden Sohn Leopolds und einer Nichte Richards sowie mit zahlreichen Geiselstellungen. Der weltpolitische Hinter- und Untergrund, auf dem diese Affäre sich entfaltete, waren der Gegensatz zwischen Staufern und Welfen (mit *Heinrich dem Löwen* war Löwenherz über seine Schwester *Mathilde* verschwägert), die Feindschaft zwischen Richard und dem französischen König *Philipp II. August* (1165–1223, König seit 1180) sowie die Opposition der rheinischen Fürsten gegen Kaiser Heinrich VI.

2. Die Beleidigung

Die **Beleidigung** hatte Richard I. dem Österreicher im Juli 1191 bei der Eroberung der Seefestung Akkon im Heiligen Land zugefügt, als er ein von Leopold aufgepflanztes Feldzeichen/Banner herunterreißen und in den Staub treten ließ. Wir wissen heute, daß es dabei keineswegs (nur) um eine Frage ritterlicher Ehre gegangen war, sondern vielmehr (auch) um eine beinharte Auseinandersetzung über die Aufteilung der in Akkon zu erwartenden Beute. Diese sollte nach einem zwischen Richard und Philipp vereinbarten Beutekartell nur zwischen Engländern und Franzosen geteilt werden. Das Aufpflanzen des Banners durch Leopold hätte demnach einen provokanten und ostentativen Protest gegen diese Vereinbarung dargestellt – den Richard durch sein einem Kreuzfahrer und Kampfgenossen gegenüber ungewöhnlich rüdes Vorgehen ebenso ostentativ im Keime erstickte.

3. Kirchenrecht

Die Geisel, also Richard, stand als Kreuzfahrer/Pilger unter dem **Schutz** des kirchlichen Rechts, das jeden, der sich an einem Kreuzfahrer (auch auf der Hin- oder Rückreise) vergriff, mit Kirchenstrafen bedrohte. Tatsächlich wurde Leopold von Papst *Coelestin III.* (1191–1198) exkommuniziert und seine Länder mit dem Interdikt belegt. Im Detail ist vieles unklar; jedenfalls erreichte Leopold auf seinem Sterbelager Ende Dezember 1194 die Lösung aus Bann und Interdikt.

4. Der spätere Streit

Der **spätere Streit** tobte zwischen der *Stadt Wien* und der *Republik Österreich* in den zwanziger und dreißiger Jahren unseres Jahrhunderts, und zwar um bestimmte Ringstraßengrundstücke, genauer: um den Wiener *Stadterweiterungsfonds*. Dieser war 1857 gegründet und mit dem Erlös aus dem Verkauf von Grundstücken gespeist worden, die durch die Schleifung der Befestigungsanlagen frei geworden waren. Der Fonds war als Einrichtung des Zentralstaates (zunächst der Monarchie, dann der Republik) konzipiert, doch hatte die Gemeinde Wien von allem Anfang an versucht, ihn zu übernehmen. So auch nach dem Ersten Weltkrieg. Da es keine (grundbücherlichen) Eintragungen über die in Frage stehenden Liegenschaften gab, prüfte man die Rechte an den (ehemaligen) Befestigungsanlagen, um von diesen Rechten auf die Eigentumsverhältnisse an den Grundstücken zu schließen. Gutachter der Republik wiesen im Jahre 1919 darauf hin, daß die Befestigungsanlagen aus Mitteln des Löwenherz-Lösegeldes errichtet worden wären und daher dem Landesherrn / dem Zentralstaat „gehörten" (?). Da eine Eigentumsübertragung an die Stadt Wien niemals stattgefunden hätte, stünde dieser kein Recht an den Grundstücken bzw am Stadterweiterungsfonds zu. Dieser wurde durch Gesetz vom 19. 6. 1939 liquidiert und die noch verbliebenen Gelder der Stadt Wien überschrieben.

Literatur

Ausführliche Darstellungen bieten zwei Werke älteren Datums: *Th. Toeche,* Kaiser Heinrich VI., Leipzig 1867; *K. Kneller,* Des Richard Löwenherz deutsche Gefangenschaft (= Stimmen aus Maria-Laach, 15. ErgBd), Freiburg 1893. Vgl aus neuerer Zeit *H. Fichtenau,* Akkon, Zypern und das Lösegeld für Richard Löwenherz (= Beiträge zur Mediävistik I), Stuttgart 1975, 239 ff. Mehr oder weniger gut belegte Schilderungen der Affäre finden sich ua in diversen Darstellungen der/zur Babenbergerzeit und in Löwenherz-Biographien.

Willoweit 52 f; *Zöllner* 72 ff, 614.

HRG I: Loskauf Gefangener.

Quellen

Die Affäre ist uns, allerdings in mannigfachen Varianten, durch zahlreiche mittelalterliche Chroniken englischer/deutscher/französischer/österreichischer Provenienz (meist in Latein) überliefert: *MGH* Scriptores 17, 27, 28.

Bild II (Seite 46)

Gefangennahme *Richards I. Löwenherz* auf der Rückreise vom Dritten Kreuzzug in Erdberg (damals noch) bei Wien am 21. Dezember 1192 und seine Rechtfertigung vor Kaiser *Heinrich VI.* (wohl Ende März 1193). Die Texte lauten (in Transkription und nach Auflösung der Abkürzungen): *Illustris rex anglie a ierosolimis rediens captus praesentatur augusto* (oberes Bild). *Rex anglie de morte ma(r)chionis accusatus quod abnegans se ensiva manu excusaturum promittit. Tandem veniam petens absolvitur* (unteres Bild). Die Inschrift auf dem unteren Bild bezieht sich auf die Ermordung des Markgrafen *Konrad von Montferrat* in Tyros am 28. April 1192, die man (wohl zu Unrecht) Löwenherz in die Schuhe schob. Vor Kaiser Heinrich VI. bietet *Rex Angliae* den (Unschulds-)Beweis durch Zweikampf (*ensiva manu* = wohl „mit dem Schwert in der Hand") an. Dazu kam es nicht. Die Freilassung Richards erfolgte erst am 4. Feber 1194. – Aus dem *Liber ad honorem Augusti* des *Petrus von Ebulo* vom Ende des 12. Jahrhunderts. Peter (1160?–1220?) stammte aus der Ortschaft Ebulo bei Salerno und wurde Theologe und Arzt. Als Anhänger der Staufer hielt er sich zu Beginn der neunziger Jahre in Süditalien in der Umgebung Heinrichs VI. auf, dessen Taten er begeistert rühmte, wofür er noch 1197 mit einer Mühle, die er vererben durfte, belohnt wurde.

Bildnachweis: Burgerbibliothek Bern

Wer zuviel lügt, dem glaubt man nicht

Die Österreichischen Freiheitsbriefe von 1358/59

1. Hauptakteure

Gutachter war *Francesco Petracco* (1304–1374), genannt *Petrarca,* der große italienische Humanist, Dichter und Altertumsforscher. Als Bewunderer der antiken Welt verfocht er ua die (Wieder-)Errichtung einer Römischen Republik. Aus einem entsprechenden Vorschlag an Karl IV. entwickelte sich ein reger Briefwechsel zwischen den beiden. Allerdings erkannte Karl bald das Irrationale in den Visionen seines Briefpartners, den er persönlich auf seinem Italienzug 1356 kennenlernte. Als Gesandter der Mailänder Visconti hielt sich Petrarca 1356 in Prag auf. Das Gutachten erstattete er (wohl) im Frühjahr 1361 von Mailand aus, allerdings nur über einen Teil der Fälschung. – **Auftraggeber** des Gutachtens war Kaiser *Karl IV.* (1316–1378, König von Böhmen 1341, deutscher König 1346, römischer Kaiser 1355), ein Luxemburger, der besonders um den Ausbau seiner Hausmacht bemüht war. Zu seinen Erbländern Böhmen und Mähren erwarb er Teile der Oberpfalz, Schlesiens und der Lausitz sowie die Mark Brandenburg (1373). Er verfolgte eine geschickte Heiratspolitik (zur Vorbereitung des Erwerbs von Polen und Ungarn) und betrieb kräftig den Ausbau Prags (ua Hradschin; Veitsdom; *Collegium Carolinum* als erste Universität nördlich der Alpen 1348). Als König/Kaiser konnte er seine Stellung im Reich durch mancherlei Kompromisse und Zugeständnisse an die Stände konsolidieren, wobei der Goldenen

Bulle von 1356 eine hervorragende Stellung zukam – mehr allerdings wegen der Feierlichkeit ihrer Fassung als wegen ihres Inhalts. – Sein **Schwiegersohn** war Herzog *Rudolf IV.*, der Stifter (1339–1365; Herzog 1358), der 1353 Karls Tochter *Katharina* geheiratet hatte. Er trat in den Herzogtümern Österreich und Steiermark die alleinige Herrschaft an, obgleich sein Vater, *Albrecht II.*, in einer Hausordnung (1355) die Gesamtnachfolge seiner vier Söhne (*Rudolf, Friedrich, Albrecht, Leopold*) vorgesehen hatte. Doch war Rudolf der einzige, der beim Tode seines Vaters regierungsmündig war. Trotz seiner kurzen Regentschaft hat Rudolf Wesentliches für den Ausbau der landesfürstlichen Macht getan, vielfach in Konkurrenz zu seinem Schwiegervater und zu den anderen Reichsfürsten: Neubau des Stephansdoms; Gründung der Wiener Universität 1365; sog „Grundentlastung" und Maßnahmen der Gewerbe- und Steuerreform besonders in den Städten; Erwerb Tirols 1363; Erbvertrag mit Karl IV. usw. In diesem TATORT ging es um die sog Österreichischen Freiheitsbriefe von 1358/59.

2. Die Fälschung

Im Frühjahr 1359 legte Rudolf IV. dem Kaiser, seinem Schwiegervater, ein **Bündel von Urkunden** (in Abschrift) vor, die in seiner Kanzlei von einem bisher nicht identifizierten Fachmann für die Nachahmung alter Dokumente während der Wintermonate 1358/59 hergestellt worden waren: a) Privileg Kaiser *Heinrichs IV.* (1058) an den Markgrafen *Ernst* von Österreich mit Privilegien der römischen „Kaiser" *Cäsar* und *Nero* als Einschüben (*Inserten);* b) das verfälschte Privilegium minus mit dem echten Siegel Kaiser *Friedrichs I. Barbarossa* und dem echten Ausstellungsdatum (17. September 1156 = **Privilegium maius**); c) Bestätigung der österreichischen Privilegien durch König *Heinrich VII.* von 1228 mit neuerlicher Erweiterung des Privilegium minus; d) Bestätigung des Privilegs von 1156 durch Kaiser *Friedrich II.* aus dem Jahre 1245; e) Bestätigung der vier Urkunden durch König *Rudolf I.* im Jahre 1283.

Läßt man die Frage nach der *politischen Moral,* die hinter den zahlreichen Fälschungen dieser oder jener Art stand, beiseite (sie ist damals unter anderen Gesichtspunkten betrachtet worden als heute), so brauchte Rudolf IV. nicht von vornherein mit einer Aufdeckung seiner Machinationen zu rechnen. Selbst die Berufung auf Cäsar und Nero mußte nicht unbedingt Verdacht erwecken; sie mochte im Gegenteil der Fälschung den Anschein sehr alter und ehrwürdiger Ansprüche geben und entbehrte auch nicht einer gewissen Überzeugungskraft: Im Lichte der Lehre von der *renovatio imperii Romani* konnten die mittelalterlichen Kaiser als Nachfahren der römischen Cäsaren und deren Recht als weiterhin in (subsidiärer) Geltung stehend angesehen werden. Im konkreten Fall war es aber eben dieser – grundsätzlich a-historische – Rückgriff auf Cäsar und Nero, der Karl IV. mißtrauisch machte und ihn veranlaßte, das Gutachten Petrarcas einzuholen. Doch hat dieser nur den Teil a) der Freiheitsbriefe geprüft und als Fälschung erkannt.

3. Ihr wesentlicher Inhalt

Der **wesentliche Inhalt** des Privilegium maius besteht in einer weit über das echte Privilegium minus hinausgehenden *Privilegierung des Herzogs von Österreich.* Im einzelnen gilt folgendes: Unteilbarkeit der Länder mit Erbfolge nach Primogenitur im Mannesstamme, subsidiär der ältesten Tochter; bei deren Fehlen Testierfreiheit (*libertas affectandi*) mit Verpflichtung der Reichsgewalt, den Vorstellungen des Herzogs tatsächlich Folge zu leisten; Befreiung von der Hoffahrtspflicht; Beschränkung der Heerfahrtspflicht auf Reichskriege gegen Ungarn mit zwölf Bewaffneten auf einen Monat; besondere Ehrenrechte für den Herzog (Titel eines [Pfalz-]Erzherzogs?; Belehnung in einer die Würde des Herzogs „schonenden" Form; im Reichstag Sitz unmittelbar nach den Kurfürsten); Exemption des Herzogs persönlich von der Reichsgerichtsbarkeit; unbeschränkte Regierungsgewalt und Gerichtsherrlichkeit im Herzogtum, mit (implizite vorgesehener) Zustimmung des Herzogs zur Geltung von Reichsgesetzen; in der Urkunde d) Verbot des Rechtszugs aus Österreich an das königliche Gericht (de facto *privilegium de non appellando*); Geltung dieser Privilegien nicht nur für das Herzogtum Österreich, sondern für alle derzeitigen und künftigen Territorien der Dynastie.

4. Ihre Ziele

Die **Ziele,** welche Rudolf mit der Fälschung verfolgte, liegen auf der Hand. Es ging um eine *Reduktion der landesfürstlichen Verpflichtungen* gegenüber dem Reich auf ein Mindestmaß; um *Ausbau der vollen Landeshoheit* in dem als „geschlossenes" Territorium aufgefaßten Herrschaftsgebiet; um strenge *Primogenitur* und *Unteilbarkeit* der Länder; um *Erstreckung* der Vorrechte Österreichs auf alle (gegenwärtigen und künftigen) zur Herrschaft des Hauses Habsburg/Österreich (*dominium Austriae*) gehörenden Länder; um bestimmte *Ehrenrechte,* die dem Herzog etwa gleiches Ansehen wie den Kurfürsten geben sollten. Dennoch ist (heute) fraglich, ob das Privilegium maius tatsächlich, wie das lange Zeit behauptet wurde, von der Goldenen Bulle initiiert wurde in dem Sinne, daß der Herzog in ihm eine abstrakte Gleichsetzung mit den Königswählern anstrebte. Es scheint sich dabei vielmehr um den Versuch gehandelt zu haben, im Wettstreit mit den beiden anderen im Südosten und im Osten des Reiches beheimateten Großdynastien, den Luxemburgern und den (pfälzischen) Wittelsbachern, mindestens gleichzuziehen. Zu diesem Zwecke postulierte der Herzog von Österreich alles, was er sich, seinem Hause und seinem Lande schuldig zu sein glaubte. Und Karl IV. nahm es offensichtlich als das, was es war: als ein politisches Forderungsprogramm, von dem er einzelnes akzeptierte, das meiste aber verwarf.

5. Ihre „Sanierung"

Nachdem Karl IV. es abgelehnt hatte, das Privilegienbündel en bloc **anzuerkennen** und zu bestätigen, waren die Habsburger so klug, die Freiheitsbriefe vorerst auf sich beruhen zu lassen – was nicht ausschloß, daß sie weiterhin einzelne Punkte durchzusetzen versuchten. Erst *Friedrich III.* hat die Fälschungen **bestätigt,** zunächst 1442 als König etwas vage und nach Einholung nur allgemein gehaltener Zustimmungserklärungen (*Willebriefe*) der Kurfürsten, dann wieder am 6. Jänner 1453 als Kaiser, wobei die entsprechenden Willebriefe allerdings erst zwanzig Jahre später einlangten. Jedenfalls erhielten dadurch die rudolfinischen Urkunden reichsrechtlich unanfechtbare Geltung. Doch blieb diese auf weite Strecken Theorie: Kaiser Friedrich III. selbst konnte zB die Erbfolgegrundsätze des Maius seinem Bruder *Albrecht VI.* gegenüber keineswegs durchsetzen. Auch später hat das Haus Habsburg von den Freiheitsbriefen nicht oder nicht in allen Punkten Gebrauch gemacht. Eine weitere besonders feierliche Bestätigung der Privilegien erfolgte durch Kaiser *Karl V.* 1522 und dann wieder 1530 (8. September). Doch scheint das Maius für den Aufstieg der *Casa d'Austria* zu Weltgeltung weniger bedeutsam gewesen zu sein, als die (österreichische) Geschichtsforschung annahm. Spätestens durch die Pragmatische Sanktion *Karls VI.* von 1713 und durch den Neubau des österreichischen Staatsrechts im 18. Jahrhundert (Reformen Maria Theresias etc) sind sie gegenstandslos, sozusagen „historisch" geworden. Dies erleichterte wohl auch die Arbeit der Wissenschaft, die seit der Mitte des 19. Jahrhunderts (W. *Wattenbach* 1852, A. *Huber* 1860) die bis heute unerschütterte Auffassung begründete, daß die Freiheitsbriefe in der Kanzlei Herzog Rudolfs IV. gefälscht worden waren.

6. Ihr Aufbewahrungsort

Aufbewahrt sind die Freiheitsbriefe im *Haus-, Hof- und Staatsarchiv* in Wien, dem zentralen Archiv des österreichischen Herrscherhauses und des österreichischen Staates bis 1918 (heute: Minoritenplatz, 1010 Wien). Es entstand unter Anknüpfung an ältere Anläufe und unter Aufnahme älterer Archivkörper (bes des babenbergisch-habsburgischen Archivs bis etwa 1500) auf Anordnung *Maria Theresias* (*Decretum instructivum*) im Jahre 1749, und zwar aus konkretem Anlaß: Es fehlten nämlich im österreichischen Erbfolgekrieg, wie Maria Theresia empört an den Oberstburggrafen in Prag schrieb, die *zur Verteidigung Unserer Erbfolgsgerechtigkeiten ..... benöthigten ..... Schriften und Dokumente.* Dieses Manko und die allgemeinen Zentralisierungstendenzen der Zeit führten schließlich zur Schaffung eines Gesamt(staats)archivs. Das Haus-, Hof- und Staatsarchiv bildet heute die 1. Abteilung des (1945 gegründeten) Österreichischen Staatsarchivs und umfaßt etwas mehr als 200 Archivkörper, ca 70.000 Einzelurkunden, 100.000 Aktenfaszikel und 30.000 amtliche Bücher, insgesamt mehrere Millionen Urkunden verschiedener Art.

Literatur

H. Appelt, Privilegium minus (Darstellung mit Text und deutscher Übersetzung), Wien-Köln-Graz 1973; *A. Lhotsky,* Privilegium maius (mit Text, aber ohne Übersetzung), Wien 1957; aus jünster Zeit: *P. Moraw,* Das „Privilegium maius" und die Reichsverfassung (= Fälschungen im Mittelalter III. *MGH* Schriften 33), Hannover 1988, 201 ff; *G. Hödl,* Die Bestätigung und Erweiterung der österreichischen Freiheitsbriefe durch Kaiser Friedrich III., ebenda 225 ff.

Baltl/Kocher 84 ff; *Brauneder/Lachmayer* 26, 53 ff; *Hellbling* 45 ff; *Hoke* 88 ff; *Lehner* 86 f; *Mitteis/Lieberich* 127; *Zöllner* 131 ff, 620.

HRG I: Fälschungsdelikte; Goldene Bulle; II: Kurlande; Kurwürde; III: Luxemburg; Privilegium minus, Privilegium maius.

Quellen

1100 Jahre österreichische und europäische Geschichte, hg von *L. Santifaller* (= Publikationen des österreichischen Staatsarchivs 1. Serie, I), Wien 1949, 23 ff. Eine deutsche Übersetzung des Minus und des Maius gibt *Kleindel* 18 ff (Nr 2) und 37 ff (Nr 6). *Hoke/Reiter* Nr 454, 570–589.

Bild III (Seite 47)

Privilegium Maius. Fälschung des echten Privilegium minus von 1156 durch die Kanzlei *Rudolfs IV.* im Winter 1358/59. Die der Pergamenturkunde anhangende Goldbulle Kaiser *Friedrichs I. Barbarossa* ist echt und gehörte möglicherweise ursprünglich zum Privilegium minus. Dessen Wortlaut ist nur aus späteren Abschriften bekannt. Das Original ist nicht erhalten; wahrscheinlich (?) wurde es anläßlich der Fälschung 1358/59 vernichtet.

Bildnachweis: Haus-, Hof- und Staatsarchiv, Wien

Fiat iustitia ut maneat mundus!
(Gerechtigkeit geschehe,
auf daß die Welt bestehen bleibe!)

Johann von Schwarzenberg und die Carolina von 1532

1. Unser Held

Johann Freiherr von Schwarzenberg und Hohenlandsberg (1463/65–1528), aus reichsunmittelbarem fränkischen Rittergeschlecht. Beteiligung an Kriegszügen *Maximilians I.* (Niederlande, Italien), Pilgerfahrt ins Heilige Land (1493); Amtmann in Würzburg, dann 20 Jahre lang *Hofmeister* (höchster weltlicher Beamter) im Bistum Bamberg und als solcher zugleich Verwalter/Vorsitzender des dortigen Hofgerichts (ab 1501?); Teilnahme an mehreren Reichstagen (Worms 1521, Nürnberg 1522, 1523 ua) und einflußreiches Mitglied des Reichsregiments (1522); als solches ua mit der Luthersache, mit Zoll-, Münz- und Monopolangelegenheiten sowie mit der Türkenabwehr befaßt; als Kriegs(sach)verständiger auch zweimal in Wien (1522, 1527); ab 1522/24 (?) im Dienst des Markgrafen von Brandenburg (vornehmlich in dessen Ansbacher Besitzungen). Politisch war Schwarzenberg ein typischer Vertreter der Reichsritterschaft; in Fehden und Bauernkrieg verwickelt, bald zum Luthertum übergetreten. – Er **starb** am 21. Oktober 1528 in Nürnberg und wurde dort auf dem Johannisfriedhof neben Hans *Sachs* ua begraben. Sein Grab ist allerdings schon seit dem Ende des 17. Jahrhunderts verschollen. – **Zeitgenossen:** ua *Maximilian I.*, Martin *Luther*, Götz von *Berlichingen*, Hans *Sachs*, Albrecht *Dürer*.

2. Wichtigstes Werk

Gemeint ist die Bambergische Halsgerichtsordnung *(Constitutio Criminalis Bambergensis* = CCB) von 1507, eine Strafprozeßordnung, in die auch materielles Strafrecht eingebettet ist. Sie galt ab 1507 im Bistum Bamberg und ab 1517 in den brandenburgischen Fürstentümern Ansbach und Bayreuth *(Constitutio Criminalis Brandenburgica,* sog *soror Bambergensis).* Das Gesetz will die heimischen Schöffen mit dem gelehrten Recht vertraut machen; dabei hat es die deutsche Praxis in zweckmäßiger Weise mit dem rezipierten Straf- und Prozeßrecht verbunden, das seinerseits römische, kirchliche und oberitalienische Quellen und Einflüsse in sich aufgenommen hat. Es ist allerdings nach heutigem Wissensstand (bes *Trusen*) nicht sehr wahrscheinlich, daß Schwarzenberg die CCB im Alleingang und als Alleinautor verfaßte; gewiß haben andere bambergische Beamte und sonstige gelehrte Bekannte/Freunde mitgearbeitet.

3. Sein „Triumph"

Die CCB diente seit dem Wormser Reichstag 1521 als Grundlage der Beratungen für eine Strafrechtsreform im Heiligen Römischen Reich. Diese Bestrebungen führten über den Nürnberger (1524), den Speyerer (1529) und den Augsburger Reichstag (1530) endlich auf dem Regensburger Reichstag von 1532 zur Peinlichen Gerichtsordnung Kaiser *Karls V. (Constitutio Criminalis Carolina* = CCC), die inhaltlich – und auf weite Strecken wörtlich – an die CCB anknüpfte *(CCB est mater Carolinae).* Als Reichsgesetz stand die CCC formell bis 1806 (siehe jedoch unten Absatz 5) in Kraft. Ihre Grundsätze und Ideen bestimmten die Strafrechtspflege im Reich (mittelbar oder unmittelbar) bis in die zweite Hälfte des 18. Jahrhunderts hinein. Erst dann begann die Gesetzgebung der einzelnen Länder unter dem Einfluß der Aufklärung damit, sich in steigendem Maße über die CCC hinwegzusetzen.

4. Lehre über die Verdachtsmomente

Es handelt sich um die – aus dem italienischen Rechtskreis stammende – sog *Indizienlehre,* welche die Voraussetzungen für die Anwendung der Folter regelt. Diese sollte nicht willkürlich, sondern nur bei Vorliegen bestimmter Verdachtsmomente = Indizien *(Anzeigungen)* angewendet werden. Zu diesem Behufe unterscheidet das Gesetz zwischen allgemeinen Indizien, die bei allen Delikten, und besonderen Indizien, die nur bei bestimmten Delikten in Betracht kommen. Erstere zerfallen wieder in solche, die für sich allein (alternativ), und in solche, die nur in Verbindung mit anderen Indizien (kumulativ) die Anwendung der Folter rechtfertigen. Die Folter und ihr Mißbrauch sind durch diese Indizienlehre nicht beseitigt worden. Doch bemühten sich CCB und CCC zumindest um eine rechtliche Grundlegung der *peinlichen Frage.*

5. Vorbehaltsklausel *(clausula salvatoria)*

Nachdem sich schon auf dem Eßlinger Städtetag 1522 und dann besonders auf dem Augsburger Reichstag 1530 Widerstand wichtiger Reichsstände (bes Kursachsens, Brandenburgs, der Pfalz) gegen die „Verreichlichung der Strafrechtspflege" geregt hatte, mußte man sich mit der *subsidiären Geltung* der CCC begnügen. Sie sollte (von Ausnahmen abgesehen) nur insofern gelten, als das jeweilige Partikularrecht keine anderslautenden Bestimmungen enthielt. So sagte Karl V. am Schluß der Vorrede: *Doch wollen wir durch diese gnedige erinnerung Churfürsten Fürsten und Stenden, an jren alten wohlhergebrachten rechtmessigen vnnd billichen gebreuchen nichts benommen haben.* Diese salvatorische Klausel hatte ua zur Folge, daß die CCC nicht als solche und auch nicht wörtlich von den Reichsständen in ihre jeweiligen Territorien übernommen wurde. Dessenungeachtet hat die Gerichtsordnung von 1532 in vielen Fällen die Grundlage für die Fortentwicklung des partikulären Strafrechts gebildet – so auch in den (meisten der) habsburgischen Länder.

6. Stück und Rolle

Wahrscheinlich stand Schwarzenberg der Figur des Weislingen in *Goethes* „Goetz von Berlichingen“ Pate – wenn auch charakterlich stark verfremdet *(Schwarzenberg → Weislingen?)*. Der historische *Goetz*, ein Zeitgenosse Schwarzenbergs und wie dieser ein Mitglied der Reichsritterschaft, nahm bei einem Überfall auf Kaufleute am 18. Mai 1512 auch den Bruder des Bischofs von Bamberg gefangen. Schwarzenberg nahm 1513 am sog *Purgationsgericht* beim Reichstag zu Augsburg zur Aburteilung des Goetz teil. Doch erschien dieser nicht zur Verhandlung; der Streitfall wurde später durch Vergleich beigelegt.

Literatur

W. Trusen, Strafprozeß und Rezeption. Zu den Entwicklungen im Spätmittelalter und den Grundlagen der Carolina (= Strafrecht, Strafprozeß und Rezeption), Frankfurt/Main 1984, 29–118; *E. Schmidt*, Einführung in die Geschichte der deutschen Strafrechtspflege[3], Göttingen 1965, 108 ff; *E. Wolf*, Große Rechtsdenker der deutschen Geschichte[4], Tübingen 1963, 102–138; *G. Kleinheyer* und *J. Schröder* (Hrsg), Deutsche Juristen aus fünf Jahrhunderten[3], Karlsruhe-Heidelberg 1989, 247–250; *H. Rueping*, Grundriß der Strafrechtsgeschichte, München 1980, 30–47.

Conrad II: 406 ff; *Hoke* 424 ff; *Mitteis/Lieberich* 334, 401 ff.

HRG I: Carolina; IV: Salvatorische Klausel; Schwarzenberg Johann v.

Quellen

„Die Peinliche Halsgerichtsordnung Kaiser Karls V. von 1532“ ist bei Reclam (5. Auflage von 1980) in handlicher Taschenbuchausgabe erschienen. *Hoke/Reiter* Nr 2275–2277, 2280, 2283–2289, 2292, 2298, 2302–2312.

Herren Johansenn Freyherrn zů schwartzen-
berg etc. bildnus/wie die/seyns alters/ bey fünfftzig jharenn/Erstlich durch Al-
brechten Dürer/abconterfeckt/ vnd zů disem nachtruck/zů wegen bracht worden.

Starb Anno ꝛc.28.seyn Alters bey 64.jarenn/vnnd ist nachgesetzts/ schwar-
tzen strichs/zwayntzig lang gewesen.

Bild (auf vorhergehender Seite)

Der Holzschnitt von H. *Weidlitz* aus dem Jahre 1516 oder 1514 (angeblich nach einer Vorlage von *Dürer*) zeigt Johann Freiherrn von *Schwarzenberg und Hohenlandsberg* (1465–1528) im Alter von ca. 50 Jahren. Es findet sich in der posthumen Ausgabe von Schwarzenbergs Übersetzung der Officien Ciceros (1531) und der Sammlung Schwarzenbergischer Schriften und Übersetzungen, die 1534 unter dem Titel *Der Teutsche Cicero* erschienen ist. Der Text oberhalb und unterhalb des Bildnisses lautet:

Herren Johansenn Freyherrn zu schwartzen/berg etc. bildnus wie die seyns alters bey fünfftzig jharenn Erstlich durch Al/brechten Dürer abconterfeckt und zu disem nachtruck zu wegen bracht worden.

Starb Anno 28 seyn Alters bey 64 jarenn unnd ist nachgesetzts schwar/tzen strichs zwayntzig lang gewesen.

Das Bild ist etwas verkleinert. Im Original beträgt die Länge des schwarzen Strichs 9,5 cm. Also: 20 mal 9,5 = 1,90 m, die Körpergröße des *starcken Hanns.*

Bildnachweis: nach G. *Radbruch,* Elegantiae Juris Criminalis, Basel 1950, 105

Weiche Landung

Prager Fenstersturz 1618

1. Zeit, Ort, Beteiligte

Der notgedrungen in starker Straffung geschilderte *Zweite Fenstersturz* fand am 23. Mai 1618, dem Mittwoch vor Christi Himmelfahrt, zwischen zehn und elf Uhr aus dem Königspalast (Královsky palác) der Prager Burg (Hradschin) statt. Schon 200 Jahre vorher, am 30. Juli 1419, war es zu einem ähnlichen Vorfall gekommen, als aufgebrachte Utraquisten (Hussiten) unter Führung des radikalen Predigers Jan *Žiélinsky* zwei kaiserliche Ratsherren aus dem Fenster des Neustädter Rathauses warfen *(defenestrierten).* Ob dieser *Erste Prager Fenstersturz* den Tätern des Jahres 1618 als Vorbild diente, wie vielfach angenommen wird, ist nicht klar. Unklar sind auch die näheren Umstände und Hintergründe des *Dritten Prager Fenstersturzes:* Tatsache ist, daß am 10. März 1948, nach dem kommunistischen Staatsstreich, Außenminister Jan *Masaryk,* der Sohn des ersten Präsidenten der Tschechoslowakischen Republik, aus einem Fenster seines Ministeriums (Palais Czernin) fiel. Ob er stürzte, sich stürzte oder gestürzt wurde . . .? – **Beteiligte:** Am Ort des Geschehens, der Ratsstube der Böhmischen Hofkanzlei im Ludwigsflügel des Palastes, befanden sich von der *landesfürstlich-katholischen Partei* vier Mitglieder des zehnköpfigen Statthalterkollegiums, und zwar Baron *Martinitz,* Graf *Slavata,* Graf *Sternberg* und der Grandprior des Malteserordens, *Lobkowitz,* sowie – neben *Dienern und Gesinde* – der Schreiber und kaiserliche Rat Philipp *Rosenfeld.* Das Statthalterkollegium vertrat den abwesenden Landesherrn, also den König von Böhmen. Das war 1618 (nominell noch) Kaiser *Matthias II.* (1557–1619, Kg. von Ungarn 1608, Kg. von Böhmen 1611, Ks. 1612), der zu jener Zeit todkrank in der Wiener Hofburg lag. Um Böhmen für das Haus Habsburg zu sichern, hatte er schon im Juni 1617 seinen Vetter, den Erzherzog *Ferdinand* aus der steirischen Linie, zum König von Böhmen krönen lassen – allerdings nicht aufgrund einer Wahl, sondern nach *Annahme* des vom Kaiser vorgeschlagenen Thronkandidaten durch die böhmischen Stände. Diese hatten zwar versucht, eine regelrechte Wahl durchzusetzen, waren aber schließlich mit Ferdinand unter der Bedingung (unter anderen!) einverstanden, daß er die Regierungsgeschäfte erst nach dem Tod des Kaisers aufnehmen werde. Matthias starb am 21. März 1619 in Wien. – Auf der **anderen Seite,** jener der *böhmisch-protestantischen Opposition* gegen Habsburg, standen etwas mehr als 100 Vertreter der drei Stände des Landes (Herren, Ritter, Städte). Während sie in der Mehrzahl wohl stürmischen Protest, kaum aber blutige Aktion im Sinne hatten, war der harte Kern ihrer Anführer entschlossen, die beiden Statthalter Martinitz und Slavata zu ermorden, um durch diese Tat die Stände in den offenen Aufruhr zu treiben. Initiator und Motor des Unternehmens war *Heinrich Graf Thurn,* ein Mitglied des Herrenstandes, der – das ist nicht uninteressant (!) – Tschechisch kaum verstand, geschweige denn sprach. Dem Aufstand war kein Erfolg beschieden. Abgesehen davon, daß „nicht einmal" der Mord an den Statthaltern gelang, ging später auch die Schlacht am Weißen Berg verloren (8. November 1620). Siebenundzwanzig böhmische Herren, darunter die meisten der Fenstersturzler und ihrer Freunde, wurden zum Tode verurteilt und am 21. Juni 1621 auf dem Altstadtring hingerichtet. Thurn allerdings entging dem Strafgericht; er trat nach dem Debakel am Weißen Berg in schwedische Dienste und starb erst 1640 73jährig eines friedlichen Todes.

2. Verbriefte Rechte

Es handelt sich in der Hauptsache um den *böhmischen Majestätsbrief,* den *Rudolf II.* (1552–1612, Kg. von Böhmen 1575–1611, Kg.

von Ungarn 1572–1608, Ks. 1576), Matthias' Bruder (vgl. Franz *Grillparzer:* „Ein Bruderzwist in Habsburg"), am 9. Juli 1609 ausgestellt hatte. Er sah unter anderem vor: Gleichstellung von Protestanten und Katholiken; ungehinderte Religionsausübung für beide Konfessionen; Religionsfreiheit für alle Bevölkerungsschichten; ungehinderte Errichtung protestantischer Kirchen und Schulen; Zuständigkeit der protestantischen Stände für die Prager Universität; Bildung eines protestantischen Konsistoriums. In den folgenden Jahren kam es über diese Fragen immer wieder zu Streitigkeiten und Reibereien, die einen ersten Höhepunkt 1611 erreichten, als Matthias den Protestanten verbot, in Braunau (Nordböhmen) eine Kirche zu bauen. Auch den beiden Opfern des Fenstersturzes warf man unter anderem vor, sie hätten auf ihren Gütern den Majestätsbrief verletzt.

3. Die reaktionäre Bewegung

Die **reaktionäre Bewegung** war die *Gegenreformation,* die auf eine zwangsweise und rücksichtslose Rekatholisierung der protestantisch gewordenen Länder abzielte. Indem sie die Opposition der Stände im Glaubensbereich brach, schwächte sie auch deren politische Position. Sie war daher ein entscheidendes Instrument beim Übergang vom dualistischen Ständestaat (Landesherr – Landstände) zum landesfürstlichen Absolutismus. – In **Böhmen** setzte die Gegenreformation, als deren Träger vor allem die Jesuiten auftraten, massiv nach der Schlacht am Weißen Berg ein. In einer symbolträchtigen Handlung zerschnitt Ferdinand II. im November 1620 eigenhändig den Majestätsbrief, auf diese Weise das Ende der Religionsfreiheit für alle Stände signalisierend. Tatsächlich wurden etwa 150.000 Angehörige des protestantisch-böhmischen Adels zur Emigration gezwungen. Ihr reicher (Groß-)Grundbesitz ging an katholische Parteigänger des Kaisers, darunter auch an viele landfremde Familien. Am Ende dieser Entwicklung stand die *Verneuerte Landesordnung* von 1627 für Böhmen, die einen weitreichenden landesfürstlichen Absolutismus installierte.

4. Die andere Königskrone

Die **andere Königskrone** war die *Stephanskrone.* In Ungarn war es den Ständen bei der Wahl Matthias' 1608 gelungen, ihr Königswahlrecht zu reaktivieren, wenn auch *nach alter Gewohnheit,* das heißt durch Festhalten am Hause Habsburg. Im Rahmen dieser Beschränkung nahmen sie ihr Wahlrecht auch gegenüber Ferdinand in Anspruch, der weder ein Sohn noch ein Bruder des Königs Matthias war, sondern einer anderen Linie des Hauses Habsburg entstammte. Im Mai 1618 stand Ferdinand (1578–1637, Kg. von Böhmen 1617, Kg. von Ungarn 1618, Ks. 1619) in schwierigen Verhandlungen mit den ungarischen Ständen in Preßburg, die am 16. Mai zu einer Einigung führten. Seine Krönung zum König von Ungarn fand am 1. Juli 1618 in Preßburg statt.

5. Der Krieg

Der **Krieg,** der dem „Maienwunder" folgte, war der *Dreißigjährige Krieg,* der als böhmisch-pfälzischer Krieg begann (1618–1623) und sich dann über den dänisch-niedersächsischen (1625–1629), den schwedischen (1630–1635) und den französisch-schwedischen Krieg (1635–1648) bis zum *Westfälischen Frieden* vom 24. Oktober 1648, unterzeichnet in Münster, fortschleppte. Bei diesem handelt es sich, genau genommen, um zwei Friedensschlüsse: a) zwischen Kaiser/Reich und Frankreich *(Instrumentum Pacis Caesareo-Gallicum Monasteriense)*; und b) zwischen Kaiser/Reich und Schweden *(Instrumentum Pacis Caesareo-Suecicum Osnabrugense).*

Literatur

Der Fenstersturz von 1618 ist oft geschildert worden. Die ausführlichsten Darstellungen finden sich in zwei älteren Werken: *A. Gindely,* Geschichte des böhmischen Aufstands von 1618, I, Prag 1869, bes 237 ff; und *M. Ritter,* Deutsche Geschichte im Zeitalter der Gegenreformation und des Dreißigjährigen Krieges (1555–1648), II, Stuttgart 1895, bes 441 ff.

Hoke bes 213ff; *Lehner* 93; *Willoweit* 130ff; *Zöllner* 209ff, 629f.

HRG I: Böhmen; Gegenreformation; III: Majestätsbrief.

Quellen

Aus neuester Zeit sind vor allem die „Quellen zur Vorgeschichte und zu den Anfängen des dreißigjährigen Krieges", hg von *G. Lorenz* (= Ausgewählte Quellen zur Deutschen Geschichte der Neuzeit XIX), Darmstadt 1991, zu nennen, die nicht nur eine Darstellung der Ereignisse aus der Feder eines der Betroffenen (Martinitz') enthalten (Nr 30), sondern auch (andere) wichtige Quellen und Dokumente (zB Majestätsbrief Nr 10; Böhmen-Problematik im allgemeinen Nr 18ff; Wahl Ferdinands Nr 27f usw). *Hoke/Reiter* Nr 1236–1242, weiters 1091–1098, 1102–1109.

Bild IV (Seite 48)

Prager Fenstersturz am 23. Mai 1618. *Defenestrierung* der kaiserlichen Statthalter *Martinitz* und *Slavata* sowie ihres Geheimschreibers und Sekretärs Philipp *Fabricius* aus der Stube der Böhmischen Hofkanzlei im Ludwigsflügel der Prager Burg. Zeitgenössischer Kupferstich im *Theatrum Europeum,* Frankfurt 1662.

Bildnachweis: Bildarchiv der Österreichischen Nationalbibliothek, Wien

Familienbetrieb und Erbschaftssachen

Pragmatische Sanktion 1713

1. Beteiligte

Karl VI. (1685–1740, seit 1711 röm.-dt. Kaiser) als „Chef des Hauses"; 24 Geheime Räte und weitere oberste Amtsträger, unter ihnen der österreichische Hofkanzler, J. F. Graf *von Seilern* (gest 1715), der die *instrumenta* verlas, und Hofkriegsratspräsident (seit 1703) Prinz *Eugen von Savoyen* (1663–1736), der den Rat mit dem *schatz* und den *Truppen* gab. – **Ort:** Amtsstube des Geheimen Rates in der Wiener Hofburg. – **Datum:** 19. April 1713.

2. Instrumenta

Verlesen wurden (im wesentlichen) 3 Urkunden (a – c), die in der kaiserlichen Sommerresidenz *Favorita* in Wien, dem späteren (und heutigen) Theresianum, abgefaßt und am 12. September 1703 vor Zeugen beschworen wurden. – **Inhalt:** In der Urkunde a), der sog *Cessio Monarchiae Hispanicae,* übertrug Kaiser *Leopold I.* (1640–1705) die nach dem Tode (1700) König *Karls II.* von Spanien ihm (seiner Auffassung nach) *haereditario jure* zugefallenen „spanischen" Königreiche und Herrschaften auf seinen zweitgeborenen Sohn Karl, wobei der an sich zur Nachfolge berufene erstgeborene Sohn Joseph (1678–1711) sich dieser Zession anschloß. Diese Teilung in eine karolinische (= spanische) und eine josefinische (= deutsche) Linie des Hauses Habsburg war besonders aus außenpolitischen Erwägungen getroffen worden. In der Urkunde b) nahm Karl (als [Gegen-]König in Spanien der III.) *cessionem ipsam* an. Die Urkunde c), das sog *Pactum Mutuae Successionis,* regelte das (wechselseitige) Erbrecht in und zwischen der (neuen) spanischen und der deutschen Linie des Hauses Habsburg.

3. Änderungen zwischen 1703 und 1713

Joseph I., der 1705 seinem Vater Leopold nachgefolgt war, starb 1711 überraschend an den Pocken, ohne männliche Nachkommen zu hinterlassen. Daher trat *Karl III.* von Spanien die Nachfolge seines Bruders (im Reich als Kaiser Karl VI.) an. Die sich dadurch anbahnende Vereinigung aller Länder Habsburgs in der Hand *eines* Monarchen (einer Linie) erschien den im Spanischen Erbfolgekrieg (1701–1714) mit Österreich verbündeten Mächten als „Wiedererstehen der Universalherrschaft Karls V." und damit als Störung des europäischen Gleichgewichtes. Sie schlossen daher mit Frankreich, dem Gegenspieler Habsburgs um das spanische Erbe, den Frieden von Utrecht 1713, dem Kaiser und Reich ein Jahr darauf (in Rastatt und Baden/Schweiz) beitraten. Ergebnis: *Philipp V.,* ein Enkel *Ludwigs XIV.* von Frankreich, wurde als König von Spanien anerkannt; Österreich (Karl VI.) erhielt die (meisten) spanischen Nebenländer (Niederlande, Mailand, Neapel).

4. „Familienunternehmen"

Haus Habsburg, seit dem Ende des Spanischen Erbfolgekrieges mit den altösterreichischen Ländern sowie mit den Ländern der böhmischen Krone und der ungarischen Krone. – **Schwierigkeiten** und **Opfer** verursachten zuerst der Kampf um die Anerkennung der Pragmatischen Sanktion durch die einzelnen Länder und durch die europäischen Mächte (zB Einstellung des Ostindienhandels als Gegenleistung für die Garantie Englands 1731) und dann, unter Maria Theresia, der Österreichische Erbfolgekrieg (1740–1748) und der Siebenjährige Krieg (1756–1763).

5. Sanctio Pragmatica

Der gesamte Normenkomplex von 1703, der 1713 verlesen und publiziert wurde (samt einigen darin erwähnten älteren Quellen), sowie die dazugehörige Erklärung Karls VI. von 1713 selbst wurden zuerst 1719 als *Sanctio pragmatica* bezeichnet. Man verstand darunter seit dem Mittelalter (im Anschluß an antike Vorbilder) ganz allgemein ein „Haupt- und Fundamentalgesetz eines Reiches", eine *lex fundamentalis* und/oder eine *lex perpetuo valitura.* Vgl die Pragmatische Sanktion des französischen Königs von Bourges (1438) und den Westfälischen Frieden von 1648, der sich selbst als *perpetua lex et pragmatica Imperii sanctio* bezeichnet. Der **Inhalt** der hier dargestellten österreichischen Pragmatischen Sanktion von 1713 ist durch die damals zitierten Normen von 1703 im wesentlichen vorgegeben, wobei sich eben zwischen 1703 und 1713 die Reduktion des Hauses Habsburg auf *eine* Linie vollzog. Er läßt sich – in den Grundzügen – folgendermaßen zusammenfassen: Bewahrung der Einheit des habsburgischen Länderkomplexes *(ohnzertheilt; indivisibiliter ac inseparabiliter)* durch Statuierung eines für alle Länder (fast) einheitlichen Thronfolgerechtes nach dem Grundsatz der Primogenitur (Erstgeburtsrechts) unter Vorzug des Mannesstammes vor der weiblichen Nachkommenschaft, wobei die Erbtochter (= erstgeborene Tochter des letzten Throninhabers) den Regredienterbinnen (= den aus den im Mannesstamme ausgestorbenen älteren Linien nach Joseph I. und Leopold I. stammenden Töchtern) vorging. Dieser Fall wurde nach dem Tode Karls VI. im Jahre 1740 bei Maria Theresia (1717–1780) aktuell. Mit deren Sohn *Josef (II.)* hieß das Haus „Habsburg-Lothringen", da Maria Theresia seit 1736 mit *Franz Stephan von Lothringen* verheiratet war.

6. Folgewirkung

Die Pragmatische Sanktion von 1713 blieb bis zum Ende der Monarchie in Geltung. Beim Ausgleich mit Ungarn 1867 erschien sie geradezu als „Grundgesetz" der neugeschaffenen Realunion, die sog „Pragmatischen Angelegenheiten" zumal galten als ihre direkte Folge und Konsequenz.

Literatur

G. Turba, Die Pragmatische Sanktion, Wien 1913 (und zahlreiche andere Schriften); *W. Brauneder,* Die Pragmatische Sanktion als Grundgesetz der Monarchia Austriaca von 1713–1918 (= Recht und Geschichte. Festschrift Hermann Baltl zum 70. Geburtstag), Graz 1988, 51 ff.

Baltl/Kocher 133 ff; *Brauneder/Lachmayer* 73; *Hellbling* 276 ff; *Hoke* 223 ff; *Lehner* 116 f; *Mitteis/Lieberich* 375 f; *Zöllner* 265 f, 635 f.

HRG III: Pragmatische Sanktion.

Quellen

Kleindel 141 ff (Nr 21); *Hoke/Reiter* Nr 1277–1289.

Bild V (Seite 49)

Einleitung und Schluß der Pragmatischen Sanktion Kaiser *Karls VI.* vom 19. April 1713 aus dem in Leder gebundenen Original, einem sechs Folien umfassenden Pergamentlibell. Der Einleitungssatz lautet: *Ihre Keÿ: Maÿtt: haben auf den Neünzehenden April: Sibenzehenhundert und dreÿzehen umb zehen Uhr allen dero alhier in Wienn anweesenden Geheimben Räthen an dem gewöhnlichen ohrt zuerscheinen ansagen lasszen.* Der Schluß trägt ein Wappensiegel auf Papier von *Georg Frid v Schickh, der Röm. Key: Maÿ: Hoff Rath, geheimber N: Ö Secretarius und Referendarius: dan zu disem actu Auth. Caesarea et Archi Ducali Creirter Notarius publicus.*

Bildnachweis: Haus-, Hof- und Staatsarchiv, Wien

Der Spitzel und sein Mörder

Das Sandsche Attentat und die Karlsbader Beschlüsse 1819

1. Opfer und Täter

Der **Spitzel** war der zu seiner Zeit sehr bekannte, vielgelesene und vielgespielte Schriftsteller Karl August von *Kotzebue* (1761–1819), der seit 1807 als Staatsrat in russischen Diensten stand und von Weimar aus über die geistigen und politischen Vorgänge in Deutschland, vor allem über Wissenschaft und Universitäten, nach St. Petersburg berichtete.

Ermordet wurde er am 23. März 1819 in Mannheim von dem Theologie-Studenten Karl Ludwig *Sand* (1795–1820), der in Jena der Burschenschaft beigetreten und zu deren radikalem Kern um den angehenden Dozenten der Rechte Karl *Follen* gestoßen war. Das politische Ziel dieser sogenannten „Unbedingten" war die Errichtung eines einheitlichen und unteilbaren deutschen Reiches *(république une et indivisible)* auf radikal-demokratischer Grundlage mit absoluter Freiheit und Gleichheit der Bürger. Die vorbehaltlose Bereitschaft, diesem Ziel und dieser Überzeugung mit *jedem* Mittel zu dienen, also auch mit dem des politischen Mordes, gehörte zu den Grundsätzen des Follenschen Bundes. – Die **Criminaluntersuchung** gegen Sand fand 1819/20 in Mannheim statt und endete, nachdem Großherzog *Ludwig I.* von Baden das (einstimmig geschöpfte) Todesurteil des Oberhofgerichtes bestätigt hatte (12. Mai 1820), mit der öffentlichen Hinrichtung des Mörders am 20. Mai 1820 um 5 Uhr 30 auf *einer nahe vor dem Thore gelegenen Wiese* in Anwesenheit einer großen Menschenmenge *(3 bis 4000 Köpfe).*

2. Überzeugungstat

Bei einer sogenannten **Überzeugungstat** handelt es sich um ein aus reiner (sittlicher, religiöser, politischer) Überzeugung begangenes Delikt, zu dessen Begehung sich der Täter aus eben dieser Überzeugung für berechtigt, uU sogar für verpflichtet hält – nach dem (fragwürdigen!) Moralsatze etwa, daß der Zweck die Mittel heilige. Obgleich Taten dieser Art wie andere Delikte zu beurteilen sind, meinten viele Zeitgenossen Sands, daß die Reinheit seiner Überzeugung die Tat rechtfertige, zumindest moralisch, und diese daher nicht an dem „normalen Gesetze" zu messen sei. Diese Argumentation ist abzulehnen. Wird nämlich die (wie immer geartete) „Überzeugung" zum letzten Maßstab für die Legitimität des Ziels, so könnte sie jede Tat – und jede Untat! – rechtfertigen.

3. Die „Tyrannen"

Gemeint sind – in Anlehnung an die dreißig **Tyrannen,** die 404 bis 403 vChr in Athen ein Gewaltregiment führten – die deutschen Fürsten, die mit ihren Staaten dem **Deutschen Bund** angehörten. Dieser, hier scherzhaft als „Imperium" bezeichnet, war ein *völkerrechtlicher Verein,* also ein Staatenbund (wenn auch mit starken bundesstaatlichen Elementen), der 4 Stadtrepubliken und anfangs 37, gegen Ende nur mehr 30 Erbmonarchien umfaßte.

4. Gegenschlag

Der „Gegenschlag" des Bundes bestand in den sogenannten **Karlsbader Beschlüssen,** die vom 6. bis 31. August 1819 durch Vertreter von 10 Gliedstaaten des Bundes vorberaten und am 20. September 1819 in der Bundesversammlung (Bundestag) in Frankfurt (unter mancherlei Regelwidrigkeiten) verabschiedet wurden. Sie umfaßten die Kontrolle der Universitäten („Universitätsgesetz") und der Presse („Preßgesetz"), dann die Bestellung einer zentralen Behörde in Mainz zur Untersuchung revolutionärer Umtriebe („Untersuchungsgesetz") sowie eine (provisorische) Exekutionsordnung.

5. Staat im Staate

Unter **Staat im Staate** versteht man einen Organismus, der innerhalb eines Staates, uU aber auch über dessen Grenzen hinausgreifend, nach innen wie nach außen ein organisatorisches und politisches Eigenleben entfaltet und sich dem Zugriff und der Kontrolle staatlicher Organe weitgehend entzieht oder zu entziehen sucht. In diesem Sinne erschienen, sichtlich im Gegensatz zum (erstarkenden) Beamten- und Anstaltsstaat der frühen Neuzeit, besonders die Kirche und die Grundherrschaften als „Staaten im Staate". Zu Beginn des 19. Jahrhunderts sprach man vom „Turnstaat" als dem Zusammenschluß der dem Turnwesen des Turnvaters *Jahn* zugewandten deutschen Jugend; oder vom „Studentenstaat", der von den Burschenschaften der deutschen Universitäten „getragen" war. Seither spielte das Schlagwort vom „Staat im Staate" besonders im Hinblick auf bewaffnete Verbände immer wieder eine Rolle.

6. Weitere Eruptionen

Weitere **Eruptionen** waren revolutionäre Unruhen in zahlreichen deutschen Staaten zunächst im Gefolge der französischen Julirevolution 1830 (zB in Sachsen, Bayern, Kurhessen, Braunschweig, Hannover, Hessen und Baden) und dann besonders die Revolution(en) des Jahres 1848.

Literatur

Hohnhorst, Vollständige Übersicht der gegen Karl Ludwig Sand ... geführten Untersuchung, I und II, Stuttgart-Tübingen 1820; *K. A. Müller,* Karl Ludwig Sand, München 1924.

Hoke 304f; *Huber* I: 696ff, bes 727ff, 732ff; II: 30ff; *Willoweit* 218ff; *Zöllner* 351, 648.

HRG I: Demagogenverfolgung: Deutscher Bund; II: Karlsbader Beschlüsse.

Quellen

Huber-Dokumente 100 ff; *Hoke/Reiter* Nr 1668–1675.

Bild auf der Umschlagseite

Der kolorierte Kupferstich zeigt *Sands Ende auf dem Schafott* am 20. Mai 1820 auf einer Wiese vor Mannheim. Es handelt sich um ein Stück aus einer szenischen Illustration zur Ermordung des Dichters *Kotzebue* und zur Hinrichtung seines Mörders aus der Zeit um 1820.

Bildnachweis: Museum für Hamburgische Geschichte, Hamburg

Das Fähnlein der Sieben Aufrechten

Der Hannoversche Verfassungskonflikt 1837

1. Beteiligte

Bei den „Aufrechten" handelte es sich um *sieben Professoren* der Georg-August-Universität zu *Göttingen,* und zwar: um den Staatsrechtler *Albrecht,* die Historiker *Dahlmann* und *Gervinus,* die Germanisten Jacob und Wilhelm *Grimm,* den Orientalisten *Ewald* und den Physiker *Weber.* Ihr Gegenspieler war *Ernst August* (1771–1851), Herzog von Cumberland und als Nachfolger seines Bruders *Wilhelm IV.* (1765–1837) seit Juni 1837 König von Hannover. In Großbritannien hingegen war Wilhelms Nichte *Viktoria* (1819–1901) auf den Thron gelangt. Die Verschiedenheit der Erbfolgeordnungen hatte der seit 1714 zwischen Großbritannien und Hannover bestehenden Personalunion ein Ende bereitet.

2. Staats-Grundgesetz

Der Konflikt zwischen dem neuen (immerhin schon 66jährigen) König und den sieben Professoren hatte sich an der *Hannoverschen Verfassung* vom 24. September 1833 entzündet, mit welcher das Königreich (seit 1814) in den Kreis der konstitutionellen Staaten Deutschlands eingetreten war. Sie sah ein Zweikammernsystem mit aktivem Wahlrecht der selbständigen Bürger und der selbständigen (gleichzeitig „entlasteten"!) Bauern zur Zweiten Kammer (10 Prälaten, 37 städtische und 38 ländliche Abgeordnete) vor. Der Landtag hatte Gesetzgebungs-, Steuer- und Budgethoheit, war aber in seiner Wirksamkeit durch eine Reihe königlicher Vorrechte beschränkt.

3. Argumente

Dennoch erschien das Staats-Grundgesetz dem hochkonservativen und auf königliche Machtvollkommenheit bedachten Ernst August als untragbare *Preisgabe herrschaftlicher Rechte,* zu der sein brüderlicher Vorgänger überdies gar nicht (allein) befugt gewesen wäre. Die Gewährung einer konstitutionellen Verfassung stellte seiner Ansicht nach eine Veräußerung von königlichen Hoheits- und Regierungsrechten dar, die der Zustimmung *aller Agnaten* des regierenden Hauses und vor allem der Zustimmung des Thronfolgers bedurft hätte. Da er, Ernst August, diese Zustimmung nicht gegeben, vielmehr des öfteren Protest eingelegt und Vorbehalt angemeldet hatte, sei die Verfassung 1833 ungültig gewesen – wenn nicht absolut, so doch relativ gegenüber dem neuen König. Ein zweiter Argumentationsstrang meinte, daß die Verfassung 1833 nur als *Vertrag zwischen der Krone und den Ständen* rechtliche Geltung hätte erlangen können, daß dieses Verfahren aber vom König durch nachträgliche einseitige Änderungen einiger Punkte des von der Ständeversammlung genehmigten Regierungsentwurfes verletzt worden, die Verfassung also auch aus diesem Grunde nicht wirksam zustande gekommen wäre. So oder so, nach entsprechenden „vorbereitenden" Regierungsmaßnahmen (Vertagung des Landtages, Verweigerung des Verfassungseides, Auflösung des Landtages) erklärte Ernst August durch Patent vom 1. November 1837 die Verfassung 1833 für ungültig und unter anderem auch den Verfassungseid der königlichen Beamten für erloschen. – Das war der Punkt, an dem die sieben Professoren (von insgesamt 32) sich aus Gewissensgründen veranlaßt sahen, gegen den königlichen Staatsstreich Protest einzulegen, genauer: Rechtsverwahrung, noch genauer: Eidesverwahrung. Sie hielten sich nämlich an den Eid, den sie auf die 33er-Verfassung abgelegt hatten, *fortdauernd gebunden* und damit zur *Verteidigung* dieses *Staats-Grundgesetzes* verpflichtet. Der König, der in dieser Eidesverwahrung der Professoren eine *revolutionäre und hochverräterische*

Tendenz zu erkennen glaubte, entsetzte sie ihrer Ämter und verwies drei von ihnen (Dahlmann, Gervinus, Jacob Grimm) wegen – angeblicher – Weitergabe von Abschriften des Protestes des Landes. – Die Frage nach *Recht und Unrecht* im Hannoverschen Verfassungskonflikt ist nicht leicht zu beantworten. Heute neigt man zu der Annahme, daß sowohl die Aufhebung der Verfassung wie auch die Entlassung der Sieben rechtswidrig gewesen seien.

4. Fürst der Wissenschaft

Gemeint ist Friedrich Carl *von Savigny* (1779–1861, Betonung auf der ersten Silbe!). Er hat sich in der Schrift „Vom Beruf unserer Zeit für Gesetzgebung und Rechtswissenschaft" (1814) gegen jede Kodifikation ausgesprochen und gelehrt, daß sich das Recht aus dem *Volksgeist* ergäbe, den wiederum die Geschichte erschließe. Mit dieser Auffassung, die im Gegensatz zu der rationalistischen Naturrechtsphilosophie des ausgehenden 18. Jahrhunderts stand, wurde Savigny zum Begründer und zum Haupt der *Historischen Schule der Rechtswissenschaft.*

5. Unser Held

Unser Held, Jacob *Grimm* (1785–1863), hat Savignys *herrliche Methode* schon in dessen Marburger Methodenkolleg im Wintersemester 1802/03 kennengelernt und seines Lehrers Programm am Beispiel des deutschen Rechts exemplifiziert. So besonders in den großen Sammlungen der „Deutschen Rechtsaltertümer" (Bd. I, 1819; Bd. II, 1826) und der „Weistümer" (1840–1878) und in der schönen Schrift „Von der Poesie im Recht" (1816). Es handelt sich dabei allerdings um einen Zweig der Rechtsgermanistik, der starke antiquarische Züge aufweist und nicht (mehr) dem entspricht, was wir heute unter Rechtsgeschichte verstehen. Über die politische Rolle Jacob Grimms (abgesehen vom hier geschilderten Hannoverschen Verfassungskonflikt) wird vielleicht ein späterer TATORT berichten. Der „Romantiker", der Jacob Grimm nach Berlin berief, war König *Friedrich Wilhelm IV.* von Preußen (1795–1861, Kg. von Preußen 1840). Unseres Helden „Hausgenosse" war Bruder *Wilhelm,* der zweite „Märchenbruder". Die „Nibelungenfrage" ist der Schrift „Jacob Grimm über seine Entlassung", Basel 1838, entnommen.

Literatur

Der Verfassungskonflikt ist am ausführlichsten dargestellt bei *Huber* II: bes 91 ff. – Über Jacob Grimms politische und (rechts-) historische Bedeutung vgl *W. Ogris,* Jacob Grimm, Ein politisches Gelehrtenleben (= Kleine Arbeitsreihe zur europäischen und vergleichenden Rechtsgeschichte 19), Graz 1990; *Ders,* Jacob Grimm und die Rechtsgeschichte (= Jacob und Wilhelm Grimm. Göttinger Universitätsreden 76), Göttingen 1986, 67 ff; *Ders,* Jacob Grimm, Ein politisches Gelehrtenleben, Wien 1986; jeweils mit Literaturhinweisen. – Über die Bedeutung Savignys und der historischen Schule vgl zusammenfassend: *F. Wieacker,* Privatrechtsgeschichte der Neuzeit, 2. Aufl, Göttingen 1967, 381 ff; *G. Wesenberg/G. Wesener,* Neuere Deutsche Privatrechtsgeschichte, 4. Aufl, Lahr/Schwarzwald 1985, 155 ff.

Hoke 305 ff; *Willoweit* 214 f.

HRG I: Grimm, Jacob; II: Karlsbader Beschlüsse; Konstitionelle Monarchie; IV: Savigny, Friedrich Carl von.

Quellen

Huber-Dokumente 290 ff; *Hoke/Reiter* Nr 1676–1679.

Bild VI (Seite 50)

Titelblatt der „Rechtsalterthümer" von *Jacob Grimm,* Erstausgabe von 1828. Illuminiertes Handexemplar *Ludwig Emil Grimms,* eines jüngeren Geschwisters (geb. 1790) der „Märchen-Brüder".

Bildnachweis: Brüder Grimm-Museum, Kassel

Lösung zu Fall Neun

Gefährliche Liebschaft

Lola Montez-Affäre 1847/48

1. Partner

Ludwig I. (1786–1868), König von Bayern (1825–1848); und (Maria Dolores Eliza) Rosanna *Gilbert,* genannt *Lola Montez* (1818–1861), eine aus Schottland stammende Abenteurerin, die im Oktober 1846 nach München kam und dort in intime Beziehungen zum König trat. Die Affäre, die in Bayern und im (benachbarten) Ausland viel Staub aufwirbelte und schwere (innen)politische Erschütterungen auslöste, dauerte bis zu Lolas Flucht am 11. Feber 1848 aus München. Der **Titel**, den sie 1847 erhielt, war jener einer Gräfin von Landsfeld; er (und die bayerische Staatsangehörigkeit) wurde(n) ihr 1848 wieder entzogen.

2. Minister

Zwar gehörte die Nobilitierung unbestritten zu den Vorrechten der Krone, doch bedurfte die Voraussetzung dafür, die Verleihung der bayerischen Staatsangehörigkeit (des sog. Indigenats), der Gegenzeichnung durch einen (den Innen-)Minister. Nachdem ein Memorandum des Staatsministeriums vom 11. Feber 1847 die Liaison des Königs heftig kritisiert und sich gegen die Indigenatsverleihung ausgesprochen hatte, entließ der König am 16. Feber dJ den Innenminister *Karl von Abel* (und einige weitere Mitglieder des Kabinetts). Es handelte sich dabei um eines der wenigen Beispiele eines (dem konstitutionellen Staatsrechte entsprechenden) Sturzes eines Ministers, weil dieser sich weigerte, eine vom Monarchen beabsichtigte Regierungshandlung gegenzuzeichnen (zu kontrasignieren) und dadurch (der Volksvertretung gegenüber) die Verantwortung zu übernehmen. – An Stelle Abels wurde G.L. *von Maurer* (unten 3) als Außen- und Justizminister an die Spitze der Regierung berufen. Er fand sich zwar zur Gegenzeichnung der Indigenatsurkunde bereit, weigerte sich jedoch, mit der frischgebackenen Gräfin Landsfeld gesellschaftlich zu verkehren – weshalb er im November 1847 sein Amt aufgeben mußte. – Nun übertrug der König die Leitung der Regierung (erneut) dem Fürsten *Öttingen-Wallerstein* („Lola-Ministerium"), den er aber schon am 11. März 1848 im Zuge der Märzunruhen wieder entließ. Die **Parteiungen,** die einander damals in Bayern gegenüberstanden, waren die Ultramontanen als Anhänger einer nach dem Papsttum in Rom (über die Alpen – *ultra montes*) orientierten klerikalen Politik und die „Lolamontanen", die Anhänger der Lola Montez und ihrer Förderer.

3. Der Rechtshistoriker

Der **Rechtshistoriker** war Georg Ludwig *von Maurer* (1790–1872), ein rheinpfälzischer Protestant, seit 1826 Professor der deutschen Rechtsgeschichte in München, 1832–1834 Mitglied der bayerischen Regentschaft für **Griechenland.** Diese war errichtet worden, nachdem die griechische Nationalversammlung (auf Vorschlag der Londoner Konferenz) den Wittelsbacher *Otto (I.),* den zweiten Sohn König Ludwigs, im Jahre 1832 zum König der Hellenen gewählt hatte. Maurer war dort federführend in der Rechtsreform (Strafgesetzbuch, Strafprozeß- und Zivilprozeßordnung, Gerichts- und Notariatsordnung) sowie bei der Trennung der griechischen Kirche vom Patriarchat in Konstantinopel. Seine Ministerschaft in Bayern, mit Vorschußlorbeeren bedacht (daher „Ministerium der Morgenröte"), war aus den geschilderten Gründen nur von kurzer Dauer (Feber bis November 1847). Immerhin gelang es ihm, das Prinzip der Mündlichkeit, Untersuchungsrichter und Staatsanwaltschaften einzuführen. – Von den **Professoren,** die im Zuge der Montez-Affäre vom König entlassen wurden, weil sie für Minister Abel eingetreten waren, ist der Münchner Rechtshistoriker und Kirchenrechtler George *Phillips* (1804–1872) zu nennen. 1849 kam er als Professor für deutsches Recht nach Innsbruck, 1851 nach Wien, wo er starken Einfluß auf den k.k. Minister des Cultus und Unterrichts, *Leo Graf Thun-Hohenstein,* gewann. Dessen juridische Studienreform von 1855 war in den Grundzügen bis 1981 (mit einer Übergangszeit sogar bis 1991) in Kraft und wirkte, besonders bei der Gestaltung des Ersten Abschnittes, noch auf die gegenwärtige Studienordnung ein.

4. Volkserhebung

Bei der **Volkserhebung** handelte es sich um die Märzunruhen des Jahres 1848, die von der Französischen Februarrevolution allenthalben in Deutschland angefacht wurden. Speziell in München waren den Märzunruhen schon Ende Jänner und Anfang Feber Tumulte im Zusammenhang mit der Montez-Affäre vorangegangen. – Die **Märzforderungen** liefen insgesamt auf die Schaffung eines echten konstitutionellen Verfassungs- und Regierungssystems hinaus und konzentrierten sich zunächst auf Preßfreiheit, Volksbewaffnung, Vereidigung des Heeres auf die Verfassung, Wahlen zur zweiten Kammer nach demokratischem Stimmrecht. Da Ludwig I. diesen Forderungen nicht nachkommen wollte und der Druck der öffentlichen Meinung ständig wuchs, dankte er am 20. März 1848 zugunsten seines Sohnes *Maximilian II.* (1821–1864) ab.

Literatur

V. Valentin, Geschichte der deutschen Revolution 1848–1849, I, Berlin 1930, 101 ff, bes 115 ff; *H. v. Treitschke,* Deutsche Geschichte im Neunzehnten Jahrhundert V (Nachdruck der 6. Aufl, Leipzig 1914), Königstein/Ts-Düsseldorf 1981, 650 ff; *W. Seidl,* Bayern in Griechenland, München 1981.

Huber II: 435 ff, 502 ff.

HRG III: Maurer, Georg Ludwig von; Ministerverantwortlichkeit; V: Thun-Hohenstein, Leo Graf von.

Quellen

Hoke/Reiter Nr 1814.

Bild VII (Seite 51)

Lola Montez im Tanz mit König *Ludwig I.* von Bayern. Zeitgenössische Karikatur: Lithographie von V. *De Sorel* nach einer Zeichnung von A. *De(la)veria,* Paris.

Bildnachweis: Bildarchiv der Österreichischen Nationalbibliothek, Wien

Das kopflose Haus

Die sog Selbstausschaltung des Parlaments am 4. März 1933

1. Versammlung

Bei der **Versammlung** handelte es sich um den *Nationalrat* (NR) der Republik Österreich, der am 4. März 1933 seine 125. Sitzung im Laufe der IV. Gesetzgebungsperiode abhielt. – **Tagungsort** war das von Theophil *Hansen* 1872–1883 erbaute Parlamentsgebäude an der Wiener Ringstraße, genauer: der im südlichen Saalblock gelegene ehemalige Sitzungssaal des Herrenhauses des Reichsrates (RR). Er wurde im Zweiten Weltkrieg völlig zerstört, 1956 im modernen Stil wieder errichtet und dient seither (wieder) dem NR. Von 1945 bis 1956 tagte dieser im ehemaligen Sitzungssaal des Abgeordnetenhauses (AH) des RR im nördlichen Saalblock. In ihm treten seit 1956 der NR und der Bundesrat (BR) zur *Bundesversammlung* und zu gemeinsamen Fest- und Gedenksitzungen zusammen. – Dem **Nationalrat** gehörten damals (NR-Wahlordnung 1923) 165 Mandatare an (ursprünglich 175, seit NR-Wahlordnung 1971 183). Die Bundesregierung (BReg), seit 20. Mai 1932 das Kabinett *Dollfuß I*, stützte sich auf eine Koalition von Christlichsozialen (CS), Landbündlern (LB) und Abgeordneten des Heimatblocks (kandidierender Heimwehr: HB). Der Nationale Wirtschaftsblock (NWB), der zu den NR-Wahlen 1930 gemeinsam, dh auf *einer* (!) Wahlliste mit dem LB angetreten war, hatte am 29. Jänner 1932 die Regierungskoalition verlassen. Deren Mehrheit war dadurch von 21 Mandaten auf 1 Mandat geschrumpft. Die Mehrheit stieg auf 3 Mandate, als am 23. August der Landbündler *Grabenhofer* dem kurz vorher verstorbenen Abgeordneten *Schober* vom NWB nachfolgte (was eine Folge der gemeinsamen Wahlliste war). Seither stand der Regierungskoalition von 66 CS, 10 LB und 8 HB-Abgeordneten eine Opposition von 72 Sozialdemokraten (SD) und 9 Großdeutschen (GD) gegenüber (also 84:81). – In der **Sitzung vom 4. März 1933** waren 162 Abgeordnete (darunter 11 Frauen) anwesend; je ein Mandatar von CS, SD und LB fehlte. Das hätte an sich eine Regierungsmehrheit von 83:80 ergeben; wenn der Erste Präsident des NR, *Renner* von den SD, der Tradition entsprechend, nicht mitstimmte, sogar von 84:79. Andererseits war die Parteidisziplin nicht sehr stark ausgeprägt; vor allem die Regierung mußte mit einem „Frontwechsel" des einen oder anderen Abgeordneten rechnen, was die Abstimmung zu einem Vabanque-Spiel werden ließ. – Daß der jeweils den Vorsitz führende **Präsident** des NR (außer bei Wahlen) nicht mitstimmte, ergab sich nicht aus der GO des NR, sondern wurde auf § 64 der autonomen GO des AH des RR vom 2. März 1875 zurückgeführt: Ob mit Recht, war fraglich, doch hielt man sich im allgemeinen an diese parlamentarische Usance. Vgl heute § 68 Abs 1 der GO des NR 1975, BGBl Nr 410.

2. Debatte

In der **Debatte** ging es um die *Behandlung jener Verkehrsbediensteten,* die an dem von drei (!) Gewerkschaften unisono ausgerufenen *Proteststreik* am 1. März teilgenommen hatten. Die Generaldirektion der Bundesbahnen, eines Staatsbetriebes, der seit 1923 als selbständiger Wirtschaftskörper konstituiert war, ging mit Gehaltskürzungen, Suspendierungen und Entlassungen sowie mit Disziplinaruntersuchungen gegen die Streikenden vor. Zur Behandlung des Streiks durch die BReg, genauer: über deren Einflußnahme auf die Generaldirektion, hatten die Sozialdemokraten und die Großdeutschen je eine dringliche Anfrage eingebracht. Im Laufe der erregten Debatte wurden schließlich drei (hier vereinfacht wiedergegebene) Anträge gestellt: Die Sozialdemokraten verlangten, daß die Bezüge der Verkehrsbediensteten vorschriftsmäßig ausgezahlt und die Streikenden in keiner Weise verfolgt würden. Die Großdeutschen traten für Rückführung der Bundesbahnen in die Hoheitsverwaltung und Behandlung des Proteststreiks *mit derselben Nachsicht wie beim Eisenbahnerstreik 1927* ein. Und die Christlichsozialen forderten in ihrem Antrag die BReg auf, die Generaldirektion zum sofortigen Abschluß aller gegen die Streikenden laufenden Erhebungen zu veranlassen und das gesammelte Material an den Minister für Handel und Verkehr weiterzugeben. Dieser sollte unter *Vermeidung von Härten* die Entscheidung treffen. In besonderen Fällen, so hatte er erklärt, würde er die Entscheidung der BReg einholen.

3. Mißgeschick

Das **Mißgeschick** oder besser: eine Reihe von Mißgeschicken ereigneten sich bei den nachfolgenden *namentlichen Abstimmungen,* die unter Verwendung von mit Namensaufdruck versehenen Stimmzetteln vor sich gingen, wobei ein weißer Stimmzettel Zustimmung, ein rosa Stimmzettel Ablehnung bedeutete. Die beiden ersten Abstimmungen gingen (zunächst) anstandslos über die Bühne: Der sozialdemokratische Antrag wurde mit 92 gegen 70 Stimmen abgelehnt; der Antrag der Großdeutschen knapp mit 81 zu 80 Stimmen angenommen – was auf eine Niederlage der Regierungspartei(en) hinauslief. In der Folge kam es zum Streit darüber, ob über den Antrag der Christlichsozialen noch abzustimmen oder ob dieser durch den Antrag der Großdeutschen „konsumiert" sei. (Ein häufiger und nicht ungefährlicher Fallstrick bei mehreren Anträgen, die in dieselbe Richtung zielen!) In der vom Ersten Präsidenten, dem Sozialdemokraten Dr. Karl *Renner,* angeordneten Verhandlungspause konnte sich das NR-Präsidium nicht über das weitere Vorgehen einigen. Mittlerweile hatte eine Kontrolle der Stimmzettel ergeben, daß bei beiden namentlichen Abstimmungen Fehler bei der Stimmabgabe vorgefallen waren. Bei der ersten Abstimmung waren *zwei* Stimmzettel auf den Namen des Christlichsozialen *Paulitsch* abgegeben worden. Eine vom Präsidenten vorgenommene Korrektur – Nichtzählung der zweiten Stimme – reduzierte zwar die Mehrheit von 92 auf 91 zu 70 Stimmen, berührte aber das Abstimmungsergebnis grundsätzlich nicht. Die *Abstimmung blieb somit unbestritten* (Präs. Renner). Anders bei der zweiten Abstimmung: Bei ihr fanden sich *zwei* auf den Namen *Abram* lautende Stimmzettel, dagegen keiner auf den Namen *Scheibein.* Beide Abgeordneten stammten aus Tirol, beide gehörten der Sozialdemokratischen Partei an und waren Sitznachbarn. Wie es zu diesem Mißgeschick kam, ist ungeklärt. Es muß *entweder schon in der Lade eine Vermischung vorgelegen sein oder eine Verwechslung durch den Abgeordneten Scheibein* (Präs. Renner). So oder so: Um die Gültigkeit der „zweiten" Stimme Abram entstand eine wüste Debatte. War sie ungültig, so hätte das Stimmenverhältnis 80 zu 80 betragen und damit – bei Stimmengleichheit – eine Ablehnung des Oppositionsantrages ergeben. Die ursprüngliche Niederlage der Reg Dollfuß wäre in einen Sieg „umgemünzt" worden. Da es in dieser Frage um das politische Überleben des Kabinetts ging, blieben die Streitparteien unnachgiebig. Schließlich legte Präsident Renner in dem allgemeinen Durcheinander *seine Stelle als Präsident nieder* und *nahm seinen Abgeordnetensitz ein.* Der unausgesprochene, aber wohl schon in der Verhandlungspause auf Anraten Otto *Bauers* ausgeheckte Hintergedanke: Als „einfacher" Abgeordneter hätte Renner bei einer etwaigen Wiederholung der Abstimmung im Plenum mitstimmen können, während die Christlichsozialen, die dann den Vorsitzenden stellen müßten, eine Stimme verlieren würden. Überlegungen dieser Art lagen im Hinblick darauf nahe, daß ein Abgeordneter der Opposition (NWB) in der Verhandlungspause erklärt hatte, bei einer Wiederholung der Abstimmung für die Regierung zu stimmen. Umgekehrt hatten zwei Abgeordnete des regierungstreuen Heimatblocks bei der ersten Abstimmung für den Oppositionsantrag gestimmt. In beiden Fällen war nicht sicher, wie sich die Abgeordneten tatsächlich verhalten würden. Eine Absicherung des Ergebnisses durch Gewinnung auch nur *einer* (des Präsidenten) Stimme war daher nicht abwegig. Tatsächlich erklärte der Zweite Präsident, Dr. Rudolf *Ramek,* die Abstimmung für ungültig und schlug vor, sie zu wiederholen – eine aus parteitaktischer Sicht eher törichte Entscheidung. Als er sich mit ihr nicht durchsetzen konnte, trat auch er als Präsident zurück – vielleicht aus demselben Grunde wie Renner, eher wohl aus Hilflosigkeit gegenüber dem außer Rand und Band geratenen Plenum. Kurz darauf folgte der Dritte Präsident, der Großdeutsche Dr. *Straffner*, dem Beispiel seiner Vorgänger, ohne daß er versucht hätte, den Streit zu schlichten. Die Sitzung wurde nicht formell geschlossen; die Abgeordneten verließen einfach nach und nach den Saal. Erst auf dem Weg in ihre Clubräume dürfte ihnen die Tragweite des Geschehens aufgegangen sein: *Der NR hat sich selbst die Beine abgeschnitten und sich selbst zum Krüppel gemacht*, meinte man später. Und schon am nächsten Tage sprach man in der Presse von der *Selbstausschaltung des Parlaments.*

Auch die BReg machte sich diese Diktion zu eigen und erklärte, daß das Parlament sich *selbst aufgelöst* hätte und daß dadurch der Weg zu einer autoritären Staatsführung von *selbst frei* geworden wäre. Seither sprach und spricht man generell von der *Selbstausschaltung des NR 1934.*

4. Konsequenzen

Deren **Konsequenzen** waren deshalb so gravierend, weil weder Verfassung noch Geschäftsordnung (GO) des NR eine Regelung für den Fall enthielten, daß *alle drei Präsidenten den Vorsitz niederlegten.* Allerdings hätte man, bei einigem gutem Willen auf allen Seiten, das Plenum des NR durchaus wieder „flottmachen" können. Folgende Auswege aus der verfahrenen Situation kamen ua in Betracht: Einberufung des NR auf der Grundlage einer die GO ergänzenden Notverordnung des Bundespräsidenten (BP); oder durch das älteste Mitglied des NR (sog Altersvorsitz; heute § 6 Abs 1 GO); oder durch den zuletzt zurückgetretenen Präsidenten als vorübergehend geschäftsführenden Präsidenten. Letzteres geschah: Der Dritte Präsident berief am 9. März den NR für den 15. März ein. Doch die BReg unterband die Sitzung des (Rumpf-) Parlaments im Einvernehmen mit dem BP unter Einsatz von etwa 200 Kriminalbeamten und unter Berufung auf einige kurz vorher erlassene Bestimmungen über *erlaubte* und *unerlaubte* Versammlungen. Bei alledem ist festzuhalten, daß es sich bei den Ereignissen vom 4. März strenggenommen nicht um eine Krise des Parlaments, sondern „nur“ um eine solche des Plenums des NR handelte. Der Hauptausschuß des NR blieb „intakt“ und trat am 8. März noch einmal zusammen. Auch der BR, in dem die BReg keine Mehrheit hatte, versammelte sich noch einmal am 17. März und verlangte ua die Aufhebung der bis dahin erlassenen Kriegswirtschaftsverordnungen (KWVO), die Einberufung des NR und die Ausschreibung von Neuwahlen. Die BReg konterte mit der Feststellung, daß der BR *allein keine gesetzgebende Körperschaft darstelle und seine Entschließungen verfassungsrechtlich belanglos seien.* Danach hätte der selbstausgeschaltete NR auch den BR funktionslos gemacht.

5. Neuer Kurs

In allen diesen Maßnahmen hatte die Regierung den Boden der *parlamentarisch-präsidialen* Demokratie verlassen und einen **neuen Kurs** eingeschlagen: jenen eines *autoritären,* dh ohne Volksvertretung agierenden Regimes, das ideologisch an *christlichen und ständestaatlichen Grundsätzen* orientiert war. Dieser (eher von seinen Gegnern als von seinen Anhängern) als *Austrofaschismus* bezeichnete Kurs bezweckte politisch die Sammlung aller väterländisch-österreichischen Kräfte gegen Marxismus auf der linken und Nationalsozialismus auf der rechten Seite und sollte letztlich in eine berufsständisch-autoritäre Verfassung münden (was 1934 tatsächlich geschah).

6. Rechtsgrundlage

Bei Etablierung ihres autoritären Kurses stützte sich die BReg nicht auf das etwas schwerfälligere (durch Verfassungsnovelle 1929 geschaffene) Notverordnungsrecht des BP, sondern auf das schneidigere **Instrument** des *Kriegswirtschaftlichen Ermächtigungsgesetzes* (KWEG) 1917, RGBl Nr 307. Dieses außerordentliche (materielle) Gesetzgebungsrecht beruhte seinerseits auf dem Kaiserlichen Notverordnungsrecht des § 14 des Staatsgrundgesetzes über die Reichsvertretung 1867, RGBl Nr 141, und wurde durch § 7 Absatz 2 des Übergangsgesetzes 1920, BGBl Nr 2, in den

Rechtsbestand der (Ersten) Republik übernommen (wobei die durch den Krieg hervorgerufenen Verhältnisse als fortdauernd angenommen wurden). Formell ist das KWEG erst 1946 durch ein Bundesverfassungsgesetz, BGBl Nr 143, außer Kraft gesetzt worden.

Das KWEG ermächtigte die BReg, *während der Dauer der durch den Krieg hervorgerufenen außerordentlichen Verhältnisse durch Verordnung die notwendigen Verfügungen zur Förderung und Wiederaufrichtung des wirtschaftlichen Lebens zu treffen*. Die Regierung *Dollfuß* machte (darauf vielleicht durch den Sektionschef im Heeresministerium Dr. *Hecht* hingewiesen) von dieser Ermächtigung prompt (das erste Mal schon am 7. 3.: zensurähnliche Maßnahmen) und ausgiebig (141 KWVO bis Mai 1934) Gebrauch. Sie bewegte sich dabei – scheinbar – im Rahmen der Legalität, verließ ihn aber tatsächlich insofern, als einerseits viele der von ihr erlassenen KWVO (fast) keinen Bezug zu wirtschaftlichen Zwecken erkennen ließen und als andererseits auf diesem Wege auch verfassungsändernde VO ergingen. Die BReg lief also Gefahr, daß der Verfassungsgerichtshof (VfGH) im Zuge von Verordnungsprüfungen die KWVO als verfassungswidrig aufhob. Tatsächlich hatte die (sozialdemokratische) Wiener Landesregierung Ende April bereits mehrere KWVO beim VfGH angefochten. Im Gegenzug veranlaßte die BReg mehrere Verfassungsrichter, von ihrem Amt zurückzutreten. So gelang es ihr, den VfGH durch „Mitgliederschwund" und durch eine ihn betreffende KWVO, die er nicht mehr überprüfen konnte, noch vor Ende Mai 33 auszuschalten. Dem autoritären Kurs stand damit kein rechtliches Hindernis mehr im Wege.

7. Nachbarländer

Der Übergang zu einer *autoritären Regierungsform* war allerdings keine österreichische Besonderheit. Auch in vielen anderen **Staaten Europas** hatten sich ähnliche Systeme in mehr oder weniger scharfer Ausprägung etabliert. Man denke an die Sowjetunion, an Polen, an die baltischen Staaten, an Jugoslawien und besonders an

Spanien und an Italien. Entscheidend für Österreich war die Entwicklung im Deutschen Reich. Dort war Adolf *Hitler* am 30. Jänner 1933 vom Reichspräsidenten *Hindenburg* zum Reichskanzler berufen worden, und die Reichstagswahlen vom 5. März, dem Sonntag nach der Selbstausschaltung des österreichischen NR, hatten den Nationalsozialisten 44% der Stimmen und zusammen mit der Kampffront Schwarz-Weiß-Rot eine Mehrheit von 52% der Stimmen gebracht. Damit war der Weg frei für das deutsche Ermächtigungsgesetz vom 24. März. Dem in den folgenden Jahren von Deutschland ausgehenden außen- und innenpolitischen Druck war Österreich bekanntlich auf Dauer nicht gewachsen.

Literatur

P. Huemer, Sektionschef Hecht und die Zerstörung der Demokratie in Österreich, Wien 1975; *C. Gulick,* Österreich von Habsburg zu Hitler, Wien 1948, III, 259 ff.

Baltl/Kocher 264 ff; *Brauneder/Lachmayer* 232 ff; *Hoke* 472 ff; *Lehner* 294 ff; *Zöllner* 512 ff, 672.

Quellen

Stenographische Protokolle über die Sitzungen des Nationalrates (IV. Gesetzgebungsperiode) 1932–1934, Wien 1934, III, 3351 ff; vgl auch: Vom Justizpalast zum Heldenplatz. Studien und Dokumentationen 1927–1938, hg von *L. Jedlicka* und *R. Neck,* Wien 1975, bes 343 ff ua; vgl dazu auch *Kleindel* 323 ff (Nr 60); *Hoke/Reiter* Nr 2561–2566, 2575–2587, 2598.

Bild VIII (Seite 52)

Kriminalbeamte bewachen die Zugänge zu den Sitzungssälen im Parlament an der Wiener Ringstraße, um ein Zusammentreten der vom Dritten Präsidenten, dem Großdeutschen Dr. Joseph *Straffner,* für den 15. März 1933 einberufenen Sitzung des Nationalrates zu unterbinden.

Bildnachweis: Österreichisches Institut für Zeitgeschichte Wien – Bildarchiv

Anhang

Literatur

Hier werden die häufiger zitierten Lehr- und Hand(wörter)bücher zur Österreichischen und Deutschen Rechtsgeschichte sowie einzelne Quellenwerke angeführt. Spezialliteratur und weitere Quellen finden sich am Ende der „Lösung" bei den einzelnen Fällen. Die im folgenden Verzeichnis genannten Werke werden dort nur abgekürzt zitiert:

Baltl/Kocher = Hermann *Baltl*/Gernot *Kocher*, Österreichische Rechtsgeschichte[7], Graz 1993

Brauneder/Lachmayer = Wilhelm *Brauneder*/Friedrich *Lachmayer*, Österreichische Verfassungsgeschichte[6], Wien 1992

Conrad = Hermann *Conrad*, Deutsche Rechtsgeschichte, I: Frühzeit und Mittelalter[2], Karlsruhe 1962, II: Neuzeit bis 1806, Karlsruhe 1966

Hellbling = Ernst *Hellbling*, Österreichische Verfassungs- und Verwaltungsgeschichte[2], Wien-New York 1974

Hoke = Rudolf *Hoke*, Österreichische und Deutsche Rechtsgeschichte, Wien-Köln-Weimar 1992

Hoke/Reiter = Rudolf *Hoke* / Ilse *Reiter* (Hrsg), Quellensammlung zur Österreichischen und Deutschen Rechtsgeschichte, Wien-Köln-Weimar 1993

HRG = Handwörterbuch zur Deutschen Rechtsgeschichte, hg von Adalbert *Erler*, Ekkehard *Kaufmann*, I: Aachen – Haussuchung, Berlin 1971, II: Haustür – Lippe, Berlin 1978, III: List – Protonotar, Berlin 1984, IV: Protonotarius Apostolicus – Strafprozeßordnung, Berlin 1990, V: (bisher Lieferungen 33–36): Straftheorie – Vollmacht, Berlin 1991 ff.

Huber = Ernst Rudolf *Huber*, Deutsche Verfassungsgeschichte der Neuzeit seit 1789, I: Reform und Restauration[2], Stuttgart-Berlin-Mainz 1990, II: Der Kampf um Einheit und Freiheit[2], Stuttgart-Berlin-Köln-Mainz 1988

Huber-Dokumente = Ernst Rudolf *Huber* (Hrsg), Dokumente zur deutschen Verfassungsgeschichte, I: Deutsche Verfassungsdokumente 1803–1850[3], Stuttgart-Berlin-Köln-Mainz 1978

Kleindel = Walter *Kleindel*, Urkund dessen . . ., Dokumente zur Geschichte Österreichs von 996 bis 1955, Wien 1984

Lehner = Oskar *Lehner*, Österreichische Verfassungs- und Verwaltungsgeschichte, Linz 1992

MGH = Monumenta Germaniae Historica (großes, vom Freiherrn vom Stein im Jahre 1819 begründetes Quellenwerk, gegliedert in verschiedene Abteilungen: zB Documenta, Leges, Schriften, Scriptores etc).

Mitteis/Lieberich = Heinrich *Mitteis*/Heinz *Lieberich*, Deutsche Rechtsgeschichte[19], München 1992

Willoweit = Dietmar *Willoweit*, Deutsche Verfassungsgeschichte[2], München 1992

Zöllner = Erich *Zöllner*, Geschichte Österreichs[8], Wien-München 1990

Wörterbuch

Aufgenommen wurden nur jene Begriffe/Wörter, deren Kenntnis man (heute) nicht (mehr) allgemein voraussetzen kann und die nicht schon in den **Lösungen Eins bis Zehn** (mehr oder weniger ausführlich) erklärt wurden. Es versteht sich von selbst, daß im hier vorgegebenen Rahmen nur ganz grob gehaltene Erklärungen möglich und sinnvoll waren und auch nicht alle Bedeutungen eines Wortes aufgenommen werden konnten. Für tiefer eindringende Hinweise sei auf die gängigen **Lexika** und besonders auf die oben (Seite 111) angeführte **Literatur** verwiesen.

A

Abgeordnetenhaus

hier: (Zweite) Kammer des österreichischen (→ Cisleithanien) → Reichsrates

Absolutismus

Staatsform, die keine → Gewaltenteilung kennt, sondern die gesamte Staatsgewalt in der Person des Monarchen vereinigt, der somit einziger Gesetzgeber, höchster Verwaltungsbeamter und oberster Richter ist. Der absolute Herrscher ist nicht an das positive Recht gebunden (daher: *princeps legibus solutus*), fühlt sich aber idR Gott verantwortlich (so zB bes *Maria Theresia*). Historisch in Europa in Überwindung des → dualistischen Ständestaates entstanden

Agnaten

die (männlichen) Verwandten von der Vaterseite her

Albion

alte (dichterische) Bezeichnung für England

Aufklärung

bes im 18. Jh herrschende, von der menschlichen Vernunft *(ratio)* bestimmte Geistesströmung, von *Kant* 1783 in einer berühmten Definition als *Ausgang des Menschen aus seiner selbstverschuldeten Unmündigkeit* definiert. Starke Austrahlungen auf die Rechtskultur, etwa auf das Selbstverständnis des Monarchen (aufgeklärter → Absolutismus: bes *Joseph II., Friedrich II.*), auf das Strafrecht (Zauberei, Hexerei, Folter etc), aber auch auf das Privatrecht (zB uneheliche Kinder) und auf die meisten anderen Bereiche der Rechtsordnung (→ Naturrecht)

Augustus

der „Erhabene", seit 27 v Chr häufig verwendeter Ehrentitel; von *Karl dem Großen* übernommen, später fälschlich mit „Mehrer des Reiches" (von lat *augere* = vermehren) übersetzt

Ausgesteuerte

in der Zwischenkriegszeit in Österreich: nicht mehr unterstützte Arbeitslose

Ausgleich

auch Vergleich, Kompromiß; *hier:* Kurzbezeichnung für die (Neu-) Regelung des staatsrechtlichen Verhältnisses zwischen Österreich (→ Cisleithanien) und Ungarn (→ Transleithanien) im Zuge der Verfassungsreform 1867. Machte das Kaisertum Österreich zur Doppelmonarchie Österreich-Ungarn

Autoritäre Verfassung

Staats-/Regierungsform, bei der das Parlament weitgehend oder ganz ausgeschaltet ist und die Staatsgewalt ganz oder überwiegend bei der Regierung liegt; zB Österreich 1934–38 (→ Ständestaat)

B

Babenberger

Herrschergeschlecht unbekannter Herkunft (Bamberg?), das 976 mit der Ostmark (Österreich, seit 996 Bezeichnung *ostarrichi* nachgewiesen) belehnt wurde und hier zunächst als Markgrafen, seit 1156 (→ Privilegium minus) als Herzöge herrschte. 1246 mit *Friedrich II.* (Tod in der Schlacht an der Leitha gegen die Ungarn) ausgestorben

Bann → Exkommunikation

Bauernkrieg

Aufstände der (grundherrschaftlichen) Bauern aus religiösen und/oder sozialen und/oder wirtschaftlichen Motiven bes im ersten Drittel des 16. und dann wieder des 17. Jh

Beamtenstaat

Staat, dessen Verwaltung im wesentlichen auf vom Landesherrn berufenen und bezahlten, von ihm aber auch abhängigen „Staatsdienern" beruht; historisch in Konkurrenz zum → Lehnsstaat entstanden

Belehnung *(Investitur)*

Einsetzung eines Lehnsmannes in das Lehn in einem feierlichen Akt unter Verwendung von Symbolen. Als solche kamen bei weltlichen Lehn eine Fahne (daher sog „Fahnlehn"), bei geistlichen ein Szepter (daher sog „Szepterlehn") in Betracht

Böhmische Hofkanzlei

oberste Regierungsbehörde für die böhmischen Länder (→ Wenzelskrone); 1620 von Prag nach Wien verlegt, 1749 im Zuge der theresianischen Staatsreform ebenso wie die Österreichische Hofkanzlei aufgelöst, wobei deren beider Agenden zum Teil auf die Oberste Justizstelle (Justiz und Justizverwaltung), zum Teil auf das *Directorium in publicis et cameralibus* (innere Verwaltung, Finanzverwaltung) übertragen wurden, die beide jeweils für die gesamten (deutschen) → Erbländer (nicht für Ungarn also) zuständig waren

Bundesrat

hier: im Parlament der Republik Österreich die das förderalistische (bundesstaatliche) Element verkörpernde Länderkammer

Bundesstaat

Staat, in dem mehrere Länder (Gliedstaaten) vereinigt sind, die dabei ihre → Souveränität (weitgehend) verlieren/aufgeben (zB die Bundesländer in der Republik Österreich), so daß diese ausschließlich oder doch überwiegend beim Bund liegt; im Gegensatz zum → Staatenbund handelt es sich also beim Bundesstaat nicht um eine *völker*rechtliche, sondern um eine *staats*rechtliche Staatenverbindung

Bundestag

hier: (einziges) Organ des → Deutschen Bundes mit Sitz in Frankfurt. Trat in zweierlei Gestalt zusammen, nämlich als → Plenum oder als → Engerer Rat, wobei da wie dort alle → Gliedstaaten vertreten waren, aber mit unterschiedlicher Stimmenverteilung

Bundesversammlung

1. in der **Republik Österreich** aus → Nationalrat und → Bundesrat zusammengesetztes Organ zur Angelobung des Bundespräsidenten, zur Erhebung einer Anklage gegen ihn und zur Erteilung der Zustimmung zu seiner behördlichen Verfolgung sowie zur Beschlußfassung über eine Kriegserklärung; bis zur Verfassungsnovelle 1929 oblag ihr auch die Wahl des Bundespräsidenten; **2. andere Bezeichnung** für den → Bundestag im → Deutschen Bund

Burschenschaften

im Gefolge der Befreiungskriege gegen Napoleon entstandene studentische Verbindungen („Ur-Burschenschaft" Jena 1815) mit starken nationalstaalich-liberalen und demokratischen Zielsetzungen, die ua auf dem Wartburgfest 1817 offen zum Ausdruck kamen

C

Casa d'Austria

Haus Österreich → Habsburg

Cisleithanien

Länder diesseits des Flusses Leitha (heute streckenweise Grenzfluß zwischen Niederösterreich und dem Burgenland); „offiziöse" Bezeichnung der österreichischen Reichshälfte in der Doppelmonarchie Österreich-Ungarn, die offiziell mit der Formel *die im Reichsrate vertretenen Königreiche und Länder* umschrieben wurde (1867–1918)

D

Deutscher Bund

auf dem Wiener Kongreß gegründeter völkerrechtlicher Verein (→ Staatenbund) der souveränen Fürsten und der → Freien Städte Deutschlands, der von 1815–1866 bestand

Deutsches Reich

1. Erstes Deutsches Reich: als Nachfolgestaat (neben Frankreich) des karolingischen Imperiums im Laufe des 9. / zu Beginn des 10. Jh entstandenes Königreich, wobei es sich um einen „langgezogenen Entstehungsvorgang" handelte. Bestand in Gestalt des → Heiligen Römischen Reiches (kurz: römisch-deutsches Reich) bis 1806; **2. Zweites Deutsches Reich:** 1870/71 in Nachfolge zum „Norddeutschen Bund" durch „Beitritt" der süddeutschen Staaten (in Versailles) gegründetes Kaiserreich, dessen Verfassung am 1. Jänner 1871 in Kraft trat. 1945 de facto untergegangen; ob auch juristisch, ist strittig; **3.** sog **Drittes** (deutsches) **Reich:** der NS-Staat (1933–1945), wobei die Bezeichnung „Drittes Reich" eher mystisch-ideologisch denn als Fortzählung (von 1. und 2.) zu verstehen ist

Dualistischer Ständestaat

Staatswesen, in welchem die Staatsgewalt gemeinsam (oft miteinander, oft gegeneinander) von einem Landesherrn und von → Landständen ausgeübt wird. So die meisten mittelalterlichen und frühneuzeitlichen (auch → habsburgischen) Territorien; vom → Absolutismus überwunden

E

Engerer Rat

für die „laufenden Angelegenheiten" zuständiges Organ des → Deutschen Bundes, in dem zwar wie im → Plenum alle Gliedstaaten vertreten waren, in dem aber nur die größeren (11) Staaten eine → Virilstimme besaßen, während sich die kleineren Staaten mit (insgesamt 6) → Kuriatstimmen begnügen mußten

Erbländer

allgemein Länder, in denen der Monarch nicht durch Wahl, sondern kraft Erbfolge an die Regierung gelangt; *im besonderen* jene → habsburgischen Erbländer, die dem → Heiligen Römischen Reich und dann dem → Deutschen Bund angehörten (sog „deutsche Erbländer")

Erfolgsstrafrecht

Strafrecht, das nicht auf die subjektive Schuld des Täters, sondern auf den objektiv wahrnehmbaren Erfolg der Tat abstellt (nach dem Motto: „Die Tat tötet den Mann"). Gegensatz: → Schuldstrafrecht

Ermächtigungsgesetz

1. Deutsches „Gesetz zur Behebung der Not von Volk und Reich" vom 24. März 1933, das unter Aufhebung des Prinzips der → Gewaltenteilung die Reichsregierung (neben dem → Reichstag) zur Reichsgesetzgebung und auch zur Änderung der Reichsverfassung ermächtigte. Die gewaltenteilende parlamentarische Demokratie wurde dadurch (auf Dauer) beseitigt; **2. österreichisches Gesetz** vom 30. April 1934, das der Bundesregierung ohne Vorbehalte und Beschränkungen die einfache und die Verfassungsgesetzgebung übertrug und sie insbesondere zum Erlaß einer (Gesamt-) Verfassung ermächtigte; letzteres geschah am 1. Mai des Jahres (sog „Verfassung 1934")

Exemption

Ausgliederung, Ausnahme, Befreiung, insbes von einer (bestimmten) Gerichtsbarkeit (etwa eines anderen Staates oder einer übergeordneten Gewalt)

Exkommunikation (Kirchenbann)

(katholische) Kirchenstrafe, welche die Vornahme von (allen) Weihe- und Jurisdiktionsakten (= Amtshandlungen) untersagt, den Exkommunizierten insbes von den Sakramenten (aktiv wie passiv) und (dadurch) von der Gemeinschaft der Gläubigen (nicht aber aus der Kirche!) ausschließt

F

Fälschung

hier: nachträgliche Veränderung der Form und/oder des Inhalts einer Urkunde

Februarrevolution

Aufstand in Frankreich (bes in Paris) vom 22.–24. Feber 1848, in dem demonstrierende Arbeiter und Studenten ua die Abdankung des Königs *Louis Philippe* und die Ausrufung der Republik erzwangen (→ Julirevolution)

Fehde

rechtlich geregelte Selbsthilfe zur Durchsetzung echter (oder vermeintlicher?!) Rechtsansprüche; in älterer Zeit als bäuerliche Blutrache, im Mittelalter und in der frühen Neuzeit als ritterliche Fehde weit verbreitet; von den → Landfrieden bekämpft

Folter

im Inquisitionsprozeß angewandtes Zwangsmittel (Strecken, Aufziehen, Daumenschrauben, „Spanische Stiefel" oä) zur Erzwingung eines Geständnisses vom Beschuldigten, das als „Königin der Beweismittel" galt *(confessio est regina probationum)*. In Preußen 1740, in Österreich 1776 aufgehoben

Freie Städte

1. im → **Deutschen Reich** (1) allgem jene Städte, die einst einen Bischof als Stadtherrn hatten, dessen Herrschaft sie aber abschütteln und → Reichsunmittelbarkeit erlangen konnten; **2.** *hier:* im → **Deutschen Bund** die *Freien Städte* Hamburg, Bremen, Lübeck und Frankfurt

G

Gegenreformation

innere Erneuerung und Neuausbreitung des Katholizismus im 16. und 17. Jh als Reaktion auf die → Reformation

Gegenzeichnung (Kontrasignatur)

im konstitutionellen Staatsrecht (→ Konstitution) Unterschrift eines Ministers unter einen Verwaltungsakt des Monarchen, wodurch er die Verantwortung (→ Ministerverantwortlichkeit) dafür übernimmt, daß die monarchische Verfügung der Verfassung und den (einfachen) Gesetzen entspricht

Gelehrtes Recht

das von der romanistisch inspirierten Rechtswissenschaft erarbeitete und (zum großen Teil) auch in der Gerichtspraxis angewandte, allerdings nur → subsidiär geltende → gemeine Recht; mit der → Rezeption auch nördlich der Alpen von großer Bedeutung, von den neuzeitlichen → Kodifikationen (zB vom ABGB 1812) ganz oder doch bis auf Reste verdrängt

Gemeines Recht *(ius commune)*

(all-)gemeines Recht, das im Gegensatz zum → Partikularrecht in größeren Räumen gilt, wenn auch meist nur → subsidiär; insbes das → gelehrte römisch-gemeine Recht, das etwa im → Heiligen Römischen Reich „hinter" den einheimischen Rechten galt (→ Rezeption)

Georgenberger Vertrag

Erbvertrag zwischen dem (leprakranken und kinderlosen) Herzog *Ottokar IV.* von Steier (→ Traungauer) und Herzog *Leopold V.* von Österreich (→ Babenberger) am 17. August 1186 auf dem Georgenberg bei Enns, kraft dessen nach Ottokars Tode im Jahre 1192 dessen steirisches Allodialgut (= nicht lehnsmäßig gebundenes Gut: → Lehnstaat) an den Babenberger fiel

Gerichtshöfe des öffentlichen Rechts

im Sinne des Konstitutionalismus (→ Konstitution) eingerichtete Gerichte zur Kontrolle der exekutiven Staatsgewalt (→ Gewaltenteilung) bzw zur Entscheidung verfassungsrechtlicher Fragen: → Reichsgericht; → Verfassungsgerichtshof; → Verwaltungsgerichtshof

Germanistik

1. im weiteren Sinne Wissenschaft von den **Germanen;** im engeren Sinne **2.** Wissenschaft der germanischen **Sprachen** (Sprachgermanistik) oder **3.** des germanischen **Rechts** / der germanischen Rechte (Rechtsgermanistik)

Geschlossenes Territorium *(territorium clausum)*

Herrschaftsgebiet, in dem keine auswärtigen Herrscher/Mächte Hoheitsrechte ausüben (dürfen)

Gewaltenteilung (Gewaltentrennung)

im wesentlichen organisatorische Trennung der (im → Absolutismus einheitlichen) Staatsgewalt in die drei Bereiche der Gesetzgebung (Legislative), der Regierung/Verwaltung (Exekutive) und der Rechtsprechung (Judikative). Ua bes von dem Franzosen Charles *Montesquieu* („De l'Esprit des Lois", Paris 1748) entwickelt und propagiert, um die Staatsgewalt des absoluten Monarchen durch gegenseitige Kontrolle der drei (Teil-)Gewalten im Sinne eines Systems von *checks and balances* zu beschränken. In den → Konstitutionen des 19. Jh auf die eine oder andere Weise mehr oder weniger rein verwirklicht oder zumindest gefordert

Gliedstaat

Mitglied eines → Staatenbundes oder Land eines → Bundesstaates

Goldene Bulle

von Kaiser *Karl IV*. mit den (wichtigsten) Kurfürsten in zwei Teilen (Metz, Nürnberg) ausgehandelter Kompromiß von 1356. Regelte ua die deutsche Königswahl und damit im Zusammenhang die Stellung der → Kurfürsten (bes Unteilbarkeit der Kurlande und → Primogeniturerbfolge in den weltlichen Kurfürstentümern, → *privilegium de non appellando* und *de non evocando*)

Grundentlastung

1. Ablösung der städtischen **Grundrente** im Verhältnis 1 : 8 unter *Rudolf IV*.; **2.** im 19. Jh Umwandlung des **bäuerlichen Untereigentums** in freies/volles Eigentum, meist gegen Entschädigung des Grundherrn (= des Obereigentümers). In Österreich (→ Cisleithanien) 1848 ff durchgeführt

Grundherrschaft

wirtschaftlich-sozialer-rechtlicher Organismus, in dem die Bauern in personenrechtlicher, sachenrechtlicher und politischer Abhängigkeit vom Grundherrn stehen; in Österreich auf Raten, zuletzt durch die → Grundentlastung 1848 ff sowie die (volle) Verstaatlichung der Verwaltung (Bezirkshauptmannschaften) und der Justiz (Bezirksgerichte) beseitigt

Grundrechte (Menschenrechte, Bürgerrechte)

im *weitesten* Sinne eine rechtlich gesicherte fundamentale Position des Individiums; *im bes* im konstitutionellen Staatsrecht (→ Konstitution) des 19. Jh jedem Menschen oder doch wenigstens jedem Staatsbürger garantierte Rechte, die ihm eine rechtliche Freiheitssphäre (daher: liberale Grundrechte) gegenüber der vollziehenden Staatsgewalt (→ Gewaltenteilung) sichern (zB Recht auf Leben, Freiheit, Eigentum; Glaubens- und Gewissensfreiheit; Meinungs- und Versammlungsfreiheit; Schutz des Hausrechtes und Schutz vor willkürlicher Verhaftung etc). Im Anschluß an die französische Erklärung der Menschen- und Bürgerrechte vom 26. August 1789 in den meisten (konstitutionellen) Verfassungen des 19. Jh in Form von „Grundrechtskatalogen“ enthalten

H

Habsburg(er)

schwäbische Dynastie (benannt nach ihrer Stammburg im heutigen schweizerischen Kanton Aargau); kommt 1282 als Herrschergeschlecht nach Österreich, als *Rudolf I.* seine beiden Söhne *Albrecht* und *Rudolf* mit den beiden Herzogtümern Österreich und Steiermark belehnt. Zahlreiche Teilungen in mehrere Linien. Steigt Anfang des 16. Jh als *Haus Österreich (Casa d'Austria, Maison d'Autriche, Haus Habsburg)* zu Weltgeltung auf. 1700 in Spanien ausgestorben. In Österreich seit den Nachkommen *Maria Theresias* (1740–1780) und ihres (Prinz-)Gemahls *Franz Stephan von Lothringen* eigentlich Haus Habsburg-Lothringen. Thronverlust mit dem Zerfall der österreichisch-ungarischen Monarchie im November 1918

H(a)ereditario jure

nach Erbrecht

Hambacher Fest

Kundgebung (in Form eines Festes!) der süddeutschen liberalen, demokratischen und republikanischen Kräfte unter Teilnahme polnischer Flüchtlinge vom 27. Mai bis 30. Mai 1832 auf dem Hambacher Schloß (in der Pfalz)

Hausmacht

hier: Territorien, die sich im (erblichen) Besitz eines Fürstengeschlechts (zB der → Habsburger, der → Luxemburger) befinden, und zwar unabhängig von dessen Stellung als Könige/Kaiser im → Deutschen Reich (1)

Heerfahrtspflicht

Pflicht des Lehnsmanns, bei (bestimmten) Kriegszügen und/oder → Fehden seines Lehnsherrn in eigener Person und/oder mit einem bestimmten Kontingent an Bewaffneten teilzunehmen

Heiliges Römisches Reich *(Sacrum Imperium Romanum)*

kurz: römisch-deutsches Reich. (Amtliche) Bezeichnung des „alten" → deutschen Reiches, seit dessen Könige idR auch römische Kaiser waren (also bes seit den Ottonen, etwa der Kaiserkrönung *Ottos I.* 962 in Rom). Als solche erschienen sie einerseits als Nachfolger der römischen Cäsaren (daher *Imperium Romanum*), andererseits als weltliches Haupt der gesamten Christenheit *(Imperium Sacrum)*. Durch den seit dem 15. Jh üblichen Beisatz *deutscher Nation* sollte wohl zum Ausdruck gebracht werden, daß es sich beim Heiligen Römischen Reich im wesentlichen um einen Staat der Deutschen handelte (vieles strittig). Bestand bis zum 6. August 1806, als Kaiser *Franz II.* (als *Kaiser von Österreich* seit 1804 *Franz I.*!) die Kaiserkrone niederlegte und damit (praktisch) das Reich für erloschen erklärte

Herrenhaus

(Erste) Kammer des österreichischen (→ Cisleithanien) → Reichsrates

Historische (Rechts-)Schule

im wesentlichen von Friedrich Carl *von Savigny* zu Beginn des 19. Jh in Abkehr vom → rationalistischen → Naturrecht begründete Schule der Rechtswissenschaft, die das Recht (wie etwa die Sprache) als geschichtlich gewachsenes Produkt und nicht als Satzung eines Gesetzgebers begreift

Hoffahrtspflicht

Pflicht des Lehnsmannes, zu bestimmten Gelegenheiten (Hoftagen) am Hofe seines Lehnsherrn zu erscheinen und ihm dort mit Rat (und Tat) zur Seite zu stehen (zB bei der Urteilsfindung)

Hofgericht

hier: in den deutschen Territorien seit dem Spätmittelalter entstehende Gerichte der Landesherrn, oft mit gelehrten Richtern besetzt; soweit ein → *privilegium de non appellando* bzw *de non evocando* gewährt wurde, höchste Instanz im Territorium und damit ein wichtiger Baustein der → Landeshoheit und zum → geschlossenen Territorium

Humanismus

hier: im Gegenzug zur Scholastik vom 13.–16. Jh herrschende europäische Geistesströmung, die eine literarische und philologische Wiedererweckung bzw Neuentdeckung der antiken Sprachkultur, Kunst und Lebenshaltung bewirkte und dabei gleichsam den Menschen „zum Maß aller Dinge“ erhob

Hussiten

Anhänger einer religiös-sozialen (Aufstands-)Bewegung im 15. und 16. Jahrhundert in Böhmen, die durch die Verbrennung des tschechischen Reformators Johannes *Hus* auf dem Konzil zu Konstanz 1415 hervorgerufen wurde

I

Imperator

in Rom der antike Titel für den Oberfeldherrn; dann Titel zur Bezeichnung der kaiserlichen Würde; Kaiser

Imperium

1. Reich, Weltreich, besonders römisches Reich und → Heiliges Römisches Reich des Mittelalters *(Sacrum Imperium Romanum)*; **2.** im Gegensatz zum → Sazerdotium allgemein die **weltliche Gewalt** des römisch-deutschen Kaisers im Mittelalter

Indigenat

Heimat-, Bürgerrecht; Staatsbürgerschaft

Insert, Insertion

Einfügung einer Urkunde im vollen Wortlaut in eine andere (neue) Urkunde, meist zum Zwecke der Bestätigung

Instrumentum, instrumenta

hier: (feierliche) Urkunde(n)

Interdikt

hier: (katholische) Kirchenstrafe, eine Art abgeschwächter → Exkommunikation, die für Örtlichkeiten und/oder Gebiete und/oder größere Gruppen von Gläubigen die Vornahme liturgischer Handlungen und von Amtshandlungen (von Not- bzw Sonderfällen abgesehen) untersagt

J

Julirevolution

Revolution im Juli 1830 in Frankreich, bes Paris (Barrikadenkämpfe der Kleinbürger unter dem Eindruck jakobinischer Intellektueller und Studenten), in deren Verlauf ua der reaktionäre König *Karl X.* gestürzt und der liberale *Louis Philippe* (sog „Barrikadenkönig", „Bürgerkönig") zum *König der Franzosen* erhoben wurde. Starke Auswirkungen auf viele Staaten Europas (bes Niederlande, Belgien; Polen; Schweiz; mehrere → Gliedstaaten des → Deutschen Bundes)

K

Ketzer (Häretiker)

hier: für die katholische Kirche alle jene, die von der rechten Lehre abweichen; Irrgläubige

Kirchenstrafen → Exkommunikation, → Interdikt

Kodifikation

im *weiteren Sinne* jede Rechtsaufzeichnung größeren Umfangs; im *eigentlichen Sinne* eine systematisch geordnete, in sich widerspruchsfreie und möglichst mit lückenloser sowie mit möglichst ausschließlicher Geltung (kein Gewohnheitsrecht, kein → gemeines Recht) ausgestattete Aufzeichnung/Neuregelung der gesamten Rechtsordnung oder wenigstens eines größeren Teilgebietes (zB Strafrecht, Handelsrecht, Bürgerliches Recht) der Rechtsordnung. Kodifikationen in diesem Sinne sind vor allem das Österreichische allgemeine bügerliche Gesetzbuch von 1811 (ABGB), der französische Code Civil von 1804 und das Deutsche bürgerliche Gesetzbuch von 1900 sowie das Schweizerische Zivilgesetzbuch von 1912

Königsboten *(missi dominici)*

von Karl dem Großen eingesetzte Organe, die (meist zu zweit: ein geistlicher, ein weltlicher *missus*) das Reich (bestimmte Sprengel) im königlichen Auftrag bereisten und kontrollierten und so dem königlichen Willen in einem schlecht erschlossenen Großreich zum Durchbruch verhalfen (verhelfen sollten)

Königswähler → Kurfürsten

Kollektivvertrag

Vertrag zwischen Gewerkschaften und Arbeitgeberverbänden zur Regelung der arbeitsrechtlichen Probleme zwischen Arbeitgebern und Arbeitnehmern

Konsistorium

hier: (veraltet für) oberste Verwaltungsbehörde einer evangelischen Landeskirche

Konstitution

im *weitesten Sinne* jede Staatsverfassung; im *Sprachgebrauch* der Verfassungsbewegung *des 19. Jh* eine (geschriebene) Verfassung mit → Gewaltenteilung; mit Volksvertretung (meist → Zweikammernsystem); mit → Ministerverantwortlichkeit, aber „Unverantwortlichkeit“ des Monarchen; mit → Grundrechten und unabhängigen Richtern; oft mit gerichtlicher Kontrolle der Verwaltung durch bes → „Gerichtshöfe des öffentlichen Rechts“

Kurfürsten

zur Wahl des deutschen Königs berufene Reichsfürsten, ursprünglich sieben, am Ende des Reiches zehn

Kuriatstimme (Gesamtstimme)

im Gegensatz zur → Virilstimme nicht von *einem* Stimmberechtigten, sondern von *mehreren* Stimmberechtigten *gemeinsam* auszuübendes Stimmrecht (zB der Städte im → Reichstag und mancher kleinerer Staaten → im Engeren Rat des → Deutschen Bundes)

Kurie

1. Gesamtheit der päpstlichen Verwaltungsbehörden; **2.** Gericht (zB *curia regis*); **3.** Vertretungskörper (zB Kurie der Prälaten im Landtag); **4.** Wahlkörper (zB Kurie der Großgrundbesitzer)

L

Landeshoheit

umfassende, als öffentlich-rechtlich aufgefaßte Herrschaftsgewalt eines Landesfürsten in seinem Territorium; für die → Reichsstände durch den Westfälischen Frieden (weitgehend) reichsrechtlich abgesichert

Landfrieden

im Mittelalter beschworene Einungen/Gesetze des → deutschen Reiches oder einzelner Territorien mit dem Ziel, die → Fehde, bes die Ritterfehde einzuschränken oder ganz zu unterdrücken (zB „Ewiger Landfriede“ 1495)

Landstände

politisch bevorrechtete Stände (physische Personen oder Genossenschaften) auf dem Landtag; regional unterschiedlich zusammengesetzt; zB in Österreich: Herren, Ritter, Prälaten, Städte und Märkte; in Tirol: Ritter, Prälaten, Städte und Märkte, Täler und Gerichte (= bäuerliche Gerichtsgemeinden); uä

Lehnsstaat

Gemeinwesen, das auf dem Lehnswesen (Feudalismus) beruht, dessen Verwaltung also durch mit Lehen ausgestattete, dem Lehnsherrn durch einen „privatrechtlichen“ Treuevertrag verbundene Lehnsleute (Vasallen) erfolgt (zB durch den Herzog von Österreich als Lehnsmann des deutschen Königs)

Luxemburger

Herrschergeschlecht, das im 14./15. Jh mehrere deutsche Könige/Kaiser stellte *(Karl IV., Wenzel, Sigismund)* und als Haus „Böhmen-Luxemburg“ bes im (Nord-)Osten des Reiches (Böhmen, Brandenburg, Schlesien) eine starke → Hausmacht entwickelte

M

Märzunruhen

durch die Pariser → Februarrevolution 1848 beeinflußte, bes von Baden ausgehende Unruhen in zahlreichen deutschen Staaten (zB München, Berlin); vom 13.–15. März 1848 Aufstand in Wien, der Erhebungen in Italien, Böhmen und Ungarn nach sich zog

magisterium

hier: Lehramt

Maison d'Autriche

Haus Österreich → Habsburg

Ministerium

im heutigen Sprachgebrauch die Behörde, mit deren Leitung ein Minister betraut ist; früher synonym für die gesamte Regierung („Gesamtministerium“); auch kurz für Ministeramt

Ministerverantwortlichkeit

politische (Mißtrauensvotum) und/oder strafrechtliche Verantwortlichkeit (Ministeranklage vor einem → Verfassungsgericht oder einem bes Staatsgerichtshof) eines Ministers nach konstitutionellem Staatsrecht für die Verfassungs- und Gesetzmäßigkeit seiner und seiner Untergebenen Verwaltungsakte sowie jener Akte des Monarchen, die er kontrasigniert hat (→ Gegenzeichnung)

Mitgift (*dos,* Heiratsgut)

Vermögenszuwendung von Seiten der Braut (ihres Vaters, eines Dritten) an den Bräutigam aus Anlaß der Eheschließung, um ihm „die Tragung der Ehelasten zu erleichtern“ *(ad onera matrimonii sustinenda)* und/oder zur Witwenversorgung

N

Nationalrat

hier: (Erste) Kammer des Parlaments der Republik Österreich

Naturrecht

hier: das Vernunftrecht der → Aufklärung, das bes im 18. Jh in seiner Spätform als historisch-praktisches Vernunftrecht Rechtstheorie, Rechtswissenschaft und Rechtspraxis stark beeinflußte

Nobilitierung

Erhebung in den Adelsstand

O

Österreichischer Erbfolgekrieg

1740 bis 1748 dauernder Krieg *Maria Theresias* um das habsburgische Erbe nach ihrem Vater *Karl VI.* gegen Frankreich, Bayern, Sachsen, Spanien und bes Preußen (Erster und Zweiter Schlesischer Krieg), 1748 durch den Frieden von Aachen mit Frankreich und Spanien beendet. Insgesamt konnte Maria Theresia ihre Nachfolge durchsetzen und ihr Erbe unter gewissen Gebietsverlusten (Schlesien an Preußen, Gebiete in Oberitalien an Spanien) behaupten (→ Siebenjähriger Krieg)

Opiumkrieg

1840 bis 1842 zwischen Großbritannien und China geführter Krieg um den Opiumhandel der Ostindischen Kompanie nach China

Ostrom

Bezeichnung für Konstantinopel, Byzanz; heute Istanbul

P

Patriarch (Erzvater)

oberster Bischof eines Verbandes von Kirchenprovinzen. Während im Osten mehrere Patriarchate (Alexandria, Antiochia, Konstantinopel, Jerusalem) entstanden, behauptete im Westen der Papst („Patriarch des Abendlandes“) seine Einzelstellung

Partikulares Recht, Partikularrechte

im Gegensatz zum → (all)gemeinen Recht „nur“ in einem bestimmten Territorium (Stadt, Land oä) geltendes (lokales) Recht

Peinliche Frage, peinliche Befragung → Folter

Personalunion

(meist durch Erbfolge bewirkte und daher oft mehr oder weniger zufällige) Vereinigung zweier oder mehrerer Staaten/Territorien in der Hand *eines* Monarchen/*einer* Dynastie (zB England-Hannover 1714–1837)

Pfründe

hier: geistliches Amt, das bestimmte laufende Einkünfte gewährt

Pilger

Wallfahrer, bes zu den heiligen Stätten der Christenheit in Palästina (zB zum Heiligen Grab in Jerusalem oä)

Plenum

1. Vollversammlung einer politischen Körperschaft, besonders der Mitglieder des Parlaments/einer Kammer; **2.** Organ des → Deutschen Bundes (→ Bundestag), in dem jeder → Gliedstaat mindestens eine (→ Viril-)Stimme führte, die größeren zwei, drei oder vier (zB Österreich, Preußen)

Pontifex (Priester)

Titel Cäsars und der römischen Kaiser bis ins 5. Jahrhundert *(pontifex maximus)*

Pragmatische Angelegenheiten

nach dem → Ausgleich 1867 die der Gesamtmonarchie gemeinsamen Angelegenheiten, nämlich: Außenpolitik, gemeinsames Heer und die dafür nötigen Finanzen; durch „kaiserliche und königliche" („k u k") Minister wahrgenommen. Verleihen der österreichisch-ungarischen Doppelmonarchie Elemente einer → Realunion

Primogenitur

Erb-, Thronfolge nach dem Erstgeburtsrecht, wonach der jeweils älteste Nachkomme aus der ersten Linie (Nachkommen des ältesten Sohnes) zum Zuge kommt; in der Regel auf männliche Nachfahren beschränkt, manchmal bei deren Fehlen auf weibliche Nachfahren subsidiär ausgedehnt (zB 1713 in der Pragmatischen Sanktion für die habsburgischen Länder)

Privileg

einer bestimmten Person oder einem eng umgrenzten Personenkreis gewährte Sonderrechtsstellung

Privilegium de non appellando

vielen Landesfürsten gewährtes → Privileg, wonach den jeweiligen Untertanen der → Rechtszug an das kaiserliche/königliche Gericht untersagt wird; wichtiger Schritt zum → geschlossenen Territorium

Privilegium de non evocando

vielen Landesfürsten gewährtes Privileg, wonach der Kaiser/König auf sein Recht verzichtet, eine bei einem territorialen Gericht anhängige, aber noch nicht entschiedene Streitsache an sich zu ziehen oder einen Untertan des Privilegieninhabers vor sein Gericht zu laden

Privilegium minus

im Gegensatz zum (gefälschten) Privilegium maius (1358/59) das sog „kleinere Privileg", das Kaiser *Friedrich I. Barbarossa* im Jahre 1156 dem Herzog von Österreich, *Heinrich II. Jasomirgott* (und dessen Frau, der aus dem byzantinischen Kaiserhaus stammenden *Theodora*) im Zuge der Versöhnung der → Staufer mit den → Welfen als „Entschädigung" gewährte: Erhebung der (bayerischen) Mark Österreich zum selbständigen (Territorial-)Herzogtum und besondere Rechte für den frischgebackenen Herzog bzgl der Erbfolge, der → Heer- und der → Hoffahrtspflicht sowie der Gerichtshoheit etc

Purgationsgericht

gerichtliche Rechtfertigung

R

Rationalistisch

(im Sinne des Rationalismus) einer Anschauung entsprechend, welche die Vernunft in den Mittelpunkt stellt und alles Denken und Handeln von ihr bestimmen läßt; kennzeichnend für → Naturrecht und → Aufklärung

Realunion

Verbindung völkerrechtlich selbständiger Staaten durch eine (verfassungsrechtlich) verankerte Gemeinsamkeit von Institutionen (zB durch die → pragmatischen Angelegenheiten in Österreich-Ungarn nach dem → Ausgleich 1867; vieles strittig)

Rechtsaltertümer

im *weiteren Sinn* jedes Rechtsdenkmal aus älterer Zeit; im *engeren Sinn (J. Grimm)* schriftliche Rechtsbelege (Wörter, Symbole etc) vergangener (bes deutscher) Rechtskultur. Ihre Sammlung diente nicht primär dem historisch-evolutionären Verständnis, sondern der Altertumskunde des Rechts

Rechtszug

(Möglichkeit der) Berufung an ein höheres Gericht

Reformation

durch Martin *Luther* im 16. Jh ausgelöste Bewegung zur Erneuerung der (katholischen) Kirche, die zur Bildung protestantischer Kirchen (Augsburger und Helvetisches Bekenntnis) führte

Reichsgericht

1. In der **österreichischen Reichshälfte** (→ Cisleithanien) ein aufgrund der Verfassung 1867 im Jahre 1869 eingerichteter Gerichtshof des öffentlichen Rechts mit Sitz in Wien, der ua über „Beschwerden der Staatsbürger wegen Verletzung der ihnen durch die Verfassung gewährleisteten politischen Rechte" entscheidet, insofern also einen Schutz der Grundrechte gewährt; **2.** im **Deutschen Reich** der 1879 eingerichtete oberste Gerichtshof für Zivil- und Strafsachen mit Sitz in Leipzig

Reichsrat

hier: nach dem Zweikammernsystem (→ Herrenhaus, → Abgeordnetenhaus) organisiertes Gesetzgebungsorgan Österreichs 1867–1918 (→ Cisleithanien)

Reichsregiment

1. 1500–1502 von den → Reichsständen eingesetztes Kollegialorgan, das den Kaiser/König in seiner Regierungsgewalt einschränkte, das römisch-deutsche Reich kurzfristig sogar von einer Monarchie in eine Aristokratie umwandelte; **2. 1521–1530** nach dem Vorbild von 1. eingesetztes Organ, das während der Abwesenheit Kaiser *Karls V.* von Deutschland die Regierungsgeschäfte führte

Reichsritter(schaft)

Angehörige des (niederen) Adels bes in den alten Königslandschaften Schwaben, Franken, Rheinlande, Elsaß, die sich ihre → Reichsunmittelbarkeit bewahren konnten, also direkt dem Kaiser, nicht einem Landesherrn unterstellt waren, aber keine Reichsstandschaft besaßen; gaben sich seit dem ausgehenden Mittelalter in den Ritterkreisen eine verhältnismäßig feste Organisation

Reichsstände

jene → reichsunmittelbaren geistlichen und weltlichen Fürsten, Grafen, Herren und Städte, die Sitz und Stimme auf dem → Reichstag haben; ihr Kreis ist lange Zeit schwankend und erfährt erst in der Neuzeit eine gewisse Abgrenzung

Reichstag

1. im → **Heiligen Römischen Reich** Versammlung der → Reichsstände (oder ihrer Vertreter) in den drei Kurien/Kollegien der → Kurfürsten, der Reichsfürsten und der Reichsstädte; oft als *Reich* bezeichnet und dem Kaiser im Sinne eines Dualismus (Paarformel *Kaiser und Reich*) gegenübergestellt; **2.** seit dem 19. Jh Bezeichnung für verschiedene **Parlamente** (zB Ungarn) bzw im → Zweikammernsystem für ein Haus des Parlaments (zB Norddeutscher Bund)

Reichsunmittelbarkeit

(nach Lehre des frühneuzeitlichen Staatsrechts) Güter oder Personen, die dem Kaiser des → Heiligen Römischen Reiches *ohne Mittel*, dh direkt unterworfen sind, ohne einen Landesherrn anerkennen zu müssen

Reinigungseid

im älteren (Prozeß-) Recht vorgesehene Möglichkeit des Beschuldigten, sich von dem Vorwurf einer bestimmten Missetat durch einen feierlichen Eid (zB auf die Bibel) „reinzuwaschen"

Rezeption

1. *allgemein:* Übernahme bzw Aufnahme fremden Kulturgutes; **2.** *hier:* die Aufnahme des → gelehrten römischen Rechts aus Oberitalien in das Recht nördlich der Alpen, vorwiegend im Sinne einer Verwissenschaftlichung der einheimischen Rechtskultur in einem jahrhundertelangen Vorgang mit Höhepunkten im 15./16. und dann wieder, wenn auch auf anderer Grundlage, im 19. Jh

S

Salbung

aus dem Orient stammende Kulthandlung, die den Gesalbten in eine „höhere Sphäre" erhob; im christlichen Abendland seit dem 7. Jh. ein wichtiger Bestandteil der Königserhebung

Sazerdotium *(sacerdotium)*

hier: die geistliche Gewalt des Papstes im Mittelalter, meist im Gegensatz zum → *Imperium* des römisch-deutschen Kaisers

Schuldstrafrecht

Strafrecht, das den Täter nur bestraft, wenn ihm subjektiv schuldhaftes Verhalten (Vorsatz oder Fahrlässigkeit) vorzuwerfen ist

Servus servorum Dei (Knecht der Knechte Gottes)

Demutsformel im Titel der Päpste

Siebenjähriger Krieg

auch Dritter Schlesischer Krieg: 1756–1763 von *Maria Theresia* mit Frankreich und Rußland gegen Preußen und England letztlich erfolglos geführter Krieg zur Wiedergewinnung Schlesiens (→ Österreichischer Erbfolgekrieg)

Sizilienzug

Feldzug Kaiser *Heinrichs VI.* 1194, bei dem er das Königreich Sizilien (= große Teile Unteritaliens sowie die gleichnamige Insel), das Erbe seiner Frau *Konstanze,* eroberte

Souveränität

hier (und ganz allg): Unabhängigkeit eines Staates (nach außen), der als eigenverantwortliches und selbstbestimmendes Subjekt am Verkehr der Völker untereinander teilnimmt (daher: Völkerrechtssubjektivität)

Spanischer Erbfolgekrieg

hauptsächlich zwischen Frankreich und Österreich 1701 bis 1714 geführter Krieg um das Erbe des letzten habsburgischen Königs von Spanien, des 1700 verstorbenen *Karls II.*

Staatenbund

*völker*rechtliche, im Gegensatz zum → Bundesstaat nicht *staats*rechtliche Staatenverbindung, dh ein Bund von Staaten, die auch im Staatenbund nicht ihre → Souveränität (Völkerrechtssubjektivität) verlieren. Ob neben den einzelnen → Gliedstaaten auch der Staatenbund selbst Völkerrechtssubjektivität besitzt (wie etwa der → Deutsche Bund), hängt vom Inhalt des Gründungsvertrages ab

Staats-Grundgesetz

(veraltet für) Verfassung, Verfassungsgesetz, Verfassungsurkunde

Ständestaat

1. → dualistischer Ständestaat; **2.** Österreich 1934–1938, im Sinne eines **berufständischen** Aufbaues; doch wurde dieses Programm kaum verwirklicht

Staufer

schwäbisches Adelsgeschlecht, das im 12. und 13. Jh (1138–1254) mehrere deutsche Könige/Kaiser stellte, darunter *Friedrich I. Barbarossa, Heinrich VI. und Friedrich II.* In ihrem Bestreben, die Königsmacht auf Grundlage eines Ausgleichs mit den deutschen Fürsten zu erneuern und zu stärken, geraten die Staufer ua in Gegensatz zu den → Welfen

Stephanskrone

Krone des Königs von Ungarn, auch Kurzbezeichnung für Ungarn und die mit dem Königreich verbundenen Länder (→ Transleithanien); geht (angeblich) auf *Stephan I.*, den Heiligen (997–1038), zurück, der sich 1001 mit dieser Krone, einem Geschenk des Papstes *Silvester II.*, gekrönt haben soll

Subsidiäre Geltung

Geltung einer Rechtsquelle „nur aushilfsweise“, dh nur dann, wenn keine primär geltende Rechtsquelle vorhanden ist (zB subsidiäre Geltung des → gemeinen Rechts gegenüber den jeweiligen → Partikularrechten)

T

Tory

Vertreter der konservativen Politik in England; historisch Angehöriger einer englischen Partei, aus der im 19. Jh die konservative

Partei *(Conservative Party)* hervorgegangen ist; im Gegensatz dazu die liberalen *Whigs*

Transkription

hier: (lautgerechte) Übertragung in eine andere Schrift

Transleithanien

seit dem → Ausgleich 1867 die inoffizielle Bezeichnung der jenseits des Flusses Leitha gelegenen Länder der Doppelmonarchie, nämlich Ungarn (mit Siebenbürgen), Kroatien und Slavonien, Fiume

Traungauer

vermutlich aus dem Chiemgau stammendes Adelsgeschlecht, das im mittleren Enns- und im oberen Trauntal reich begütert war und zu Markgrafen, dann zu Herzogen (1180) der karantanischen, später steirischen Mark aufstieg. 1192 mit *Ottokar IV.* ausgestorben (→ Georgenberger Vertrag)

U

Usurpator

Thronräuber; jemand, der widerrechtlich die Staatsgewalt an sich reißt

Utraquisten

Bezeichnung für die gemäßigten → Hussiten, weil sie das Abendmahl in zweierlei Gestalt *(sub utraque forma, sub utraque specie)*, also mit Brot und Wein, feierten

V

Verfassungsgerichtshof

Gerichtshof des öffentlichen Rechts, der die Einhaltung der Verfassung eines Landes/Staates kontrolliert. Der heutige österreichische VfGH geht auf das → Reichsgericht und auf den Staatsgerichtshof, der für die → Ministerverantwortlichkeit zuständig war, zurück

Verneuerte Landesordnung

nach der Schlacht am Weißen Berg 1627 von *Ferdinand II.* für Böhmen erlassene Landesordnung mit stark absolutistischen Zügen (→ Absolutismus)

Verwaltungsgerichtshof

Gerichtshof des öffentlichen Rechts, der die Verwaltung eines Landes/Staates kontrolliert. Der heutige österreichische VwGH geht auf den 1876 in der Monarchie gegründeten VwGH zurück

Virilstimme

hier: im Gegensatz zur → Kuriatsstimme die von einem *einzigen* Berechtigten (lat *vir*) ausgeübte Stimme

Visconti

norditalienische Dynastie, seit 1277/1310 Stadtherren, seit 1395 Herzöge von Mailand. 1447 ausgestorben

W

Weistümer

vorwiegend bäuerliche Rechtsquellen, die von rechtskundigen Personen auf entsprechende Anfrage „gewiesen" wurden; reiche Quelle für die → Rechtsaltertümer

Welfen

Adelsgeschlecht, das im 11. Jh das Herzogtum Bayern, im 12. Jh Sachsen erlangte und bes durch *Heinrich den Stolzen* (gest 1139) und *Heinrich den Löwen* (gest 1195) zu machtvollen Gegenspielern der → Staufer wurde, indem es eine massive → Hausmachtpolitik im Sinne des Ausbaues der → Landeshoheit auf Kosten der königlichen Machtstellung betrieb

Weltwirtschaftskrise

Zusammenbruch der Weltwirtschaft zu Beginn der dreißiger Jahre dieses Jahrhunderts; ausgelöst durch einen Kurssturz an der New Yorker Börse am 24. Oktober 1929 *(Black Friday)*, begleitet von einer tiefgreifenden Agrarkrise

Wenzelskrone

Krone des Königs von Böhmen, geht wahrscheinlich auf König *Wenzel I.* (gest 1253) zurück; auch Kurzbezeichnung für Böhmen und die mit dem Königreich verbundenen Nebenländer (Mähren, schlesische Fürstentümer)

Willebriefe

schriftliche Zustimmungserklärungen der Kurfürsten zu Maßnahmen des deutschen Königs, insbesondere zur Veräußerung von Reichsgut

Wittelsbacher

deutsches Herrschergeschlecht, das 1180 Bayern und 1214 die Rheinpfalz erwarb und bis 1918 regierte. Die W stellten 1314–1347, 1400–1410 und 1742–1745 die deutschen Könige/Kaiser. Nebenlinien regierten zeitweise in Schweden und in Griechenland

Z

Zensur

hier: staatliche Kontrolle über Druckerzeugnisse

Zession *(cessio)*

Abtretung von (Forderungs-)Rechten

Zisleithanien → Cisleithanien

Zweikammernsystem

Gliederung der Volksvertretung/des Parlaments in zwei Häuser/Kammern (zB Senat – Repräsentantenhaus, Herrenhaus – Abgeordnetenhaus; Nationalrat – Bundesrat), um zwei einander widerstreitende oder auch einander ergänzende Prinzipien zu berücksichtigen (zB Zentralismus – Föderalismus, konservative – liberale Elemente)